JN044484

新・教職課程演習　第17巻

中等社会系教育

筑波大学人間系准教授　**國分　麻里**
広島大学大学院准教授　**川口　広美** 編著

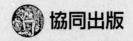

刊行の趣旨

　教育は未来を創造する子どもたちを育む重要な営みである。それゆえ，いつの時代においても高い資質・能力を備えた教師を養成することが要請される。本『新・教職課程演習』全22巻は，こうした要請に応えることを目的として，主として教職課程受講者のために編集された演習シリーズである。

　本シリーズは，明治時代から我が国の教員養成の中核を担ってきた旧東京高等師範学校及び旧東京文理科大学の伝統を受け継ぐ筑波大学大学院人間総合科学研究科及び大学院教育研究科と，旧広島高等師範学校及び旧広島文理科大学の伝統を受け継ぐ広島大学大学院人間社会科学研究科（旧大学院教育学研究科）に所属する教員が連携して出版するものである。このような歴史と伝統を有し，教員養成に関する教育研究をリードする両大学の教員が連携協力して，我が国の教員養成の質向上を図るための教職課程の書籍を刊行するのは，歴史上初の試みである。

　本シリーズは，基礎的科目9巻，教科教育法12巻，教育実習・教職実践演習1巻の全22巻で構成されている。各巻の執筆に当たっては，学部の教職課程受講者のレポート作成や学期末試験の参考になる内容，そして教職大学院や教育系大学院の受験準備に役立つ内容，及び大学で受講する授業と学校現場での指導とのギャップを架橋する内容を目指すこととした。そのため，両大学の監修者2名と副監修者4名が，各巻の編者として各大学から原則として1名ずつ依頼し，編者が各巻のテーマに最も適任の方に執筆を依頼した。そして，各巻で具体的な質問項目（Q）を設定し，それに対する解答（A）を与えるという演習形式で執筆していただいた。いずれの巻のどのQ&Aもわかりやすく読み応えのあるものとなっている。本演習書のスタイルは，旧『講座教職課程演習』（協同出版）を踏襲するものである。

　本演習書の刊行は，顧問の野上智行先生（広島大学監事，元神戸大学長），アドバイザーの大髙泉先生（筑波大学名誉教授，常磐大学大学院人間科学研究科長）と高橋超先生（広島大学名誉教授，比治山学園理事），並びに副監修者の筑波大学人間系教授の浜田博文先生と井田仁康先生，広島大学名誉教授の深澤広明先生と広島大学大学院教授の棚橋健治先生のご理解とご支援による賜物である。また，協同出版株式会社の小貫輝雄社長には，この連携出版を強力に後押しし，辛抱強く見守っていただいた。厚くお礼申し上げたい。

2021年4月

監修者　筑波大学人間系教授　　清水　美憲

広島大学大学院教授　　小山　正孝

序文

　社会科は，1947年に新設された教科です。1945年までも中等における社会系教科としては，地理や歴史（国史），政治経済などの科目がありましたが，それらを総合する科目として戦後はアメリカ合衆国の Social studies を模倣した社会科が導入されました。それ以前にも，大正自由教育での生活綴り方や1930年代の郷土教育など，社会科の前身ともいえる教育内容や方法が教師の努力により行われていました。しかし，この戦後に導入された社会科は，人としての基本的人権を尊重し，平等で平和な民主主義の社会を希求するための社会改造を求める教科として誕生しました。高等学校では，1989年より社会科ではなく地理歴史科・公民科と改編されました。それでも，一貫して民主主義社会の実現をめざす社会科の意思は受け継がれています。本書で，あえて「社会系教科（教育）」という文言を用いたのはこうした理由によります。

　一貫性があるとはいえ，民主主義社会の実現を担う市民には何が必要か，という問いに対しての統一された答えはありません。それが，社会系教科がその名称や内実において変容を遂げてきた理由にもなります。この度の学習指導要領改訂によって，新しい教育課程は，資質・能力の３つの柱である「知識及び技能」「思考力，判断力，表現力等」「学びに向かう力，人間性等」で示されるようになりました。また，「主体的・対話的で深い学び」や「見方・考え方」なども全教科で見られるようになりました。中等社会系教科の場合，最も大きな変化があったのが高等学校でした。地理総合と地理探究，歴史総合と日本史探究・世界史探究，公共という科目が新設されています。

　こうした今回の教育課程の変化の背景として，それまでの内容重視から概念重視へ，コンテンツからコンピテンシー重視へと大きく舵を切った点があげられます。これまで中等社会系教科は「暗記」科目だと思われていました。もちろん学習内容を知ることの重要性には変化はありませんが，内容を知るための概念や方法もこれまで以上に丁寧に学習することが求められています。グローバル化・情報化の進展とともにこれまでの常識が変化していく社会状況の中で，どのような知識を伝えるかだけではなく，どのような方法で何のために教えるかが改めて問われているといえます。

本書は，こうした大きな転換期にあることを認識した上で，なにを，どのようにして社会系教科の授業を実施すればよいのだろうか，と悩む教師・将来の教師の皆さんを想定して編集しました。とはいえ，この本は同時に１つの「正解」を提示した本でもありません。それぞれの章や節のタイトルはすべて問いで示されていますが，多くの場合その問いの答えは１つという形で示されておらず，考え方や視点で示されていることが多いでしょう。それは，先に述べたように，社会科の目標の解釈は多様であり，多様な考え方が乱立し，変容してきた教科であるからです。本書はこうした問いについて，具体的な授業や教科のあり方を基にしながら考えを深めていけるようにしました。執筆陣もこうしたコンセプトに応えられるように，現職教員・大学教員，若手からベテランまでと多様なメンバーで構成しました。

　本書の構成は次の通りです。第１章では，「中等社会系教科」としてどのような目標があるのかを検討し，それを歴史的・空間的な比較を通して考察していきます。第２章では，そうした目標をより具現化したカリキュラムという視点から内容編成やそれをどのように運用していくかを検討していきます。第３章は，新しい学習指導要領で重視されている「見方・考え方」に注目した章です。第４章では学習評価の視点から検討を深めていきます。第５章・第６章・第７章では，地理・歴史・公民における教材研究について，具体例を交えながら検討していくことにしました。どのような視点で検討していくことが社会系教科として必要なのか，是非考えを深めてみましょう。最終章である第８章は教師としての職能成長について説明しました。社会系教科に関する学びは，学校だけではなく，家庭や社会など多様なところで学びます。社会系教師はまさに社会に関する学びのプロフェッショナル（専門職）として，自分を振り返り高めていくことが求められます。Teacher-researcher（教師研究者）として，どのように教材研究・授業研究を進めていくのか，について示しています。

　本書で示された考える視点や軸，豊富な実践案や事例を基に，自分自身のこれまでの社会系教科での学びや経験を見直すとともに，今後どのような授業を作っていくべきかを構想する上での一助となることを願っています。

　　2021年９月

　　　　　　　　　　　　　　　　　　　編者　國分麻里・川口広美

新・教職課程演習　第17巻
中等社会系教育

目次

第7章　公民の教材研究の視点

第8章　中等社会系教科の教師の職能成長

第1章
中等社会系教科の目標

‖ Q1　中等社会系教科の目標について説明しなさい

1．生徒の答え

　中学生や高校生に「中等社会系教科の目標について説明せよ」を尋ねたら，どのように答えるだろうか。

　最初の反応は「中等ってなに」だろう。中等学校に通う生徒以外に「中等」の語を日常的に用いることは稀だからである。よって子どもには，日本の学校制度下において「中等」とは中学校と高等学校を指すこと，また「中等」教育には，歴史的にみると，社会生活を送るための普通教育を施す（市民になる）完成教育の意味と，高等教育に入るための学力をつける（エリートになる）準備教育の意味が付与されてきたことの，易しい解説が必要だろう。

　次の反応は「社会系教科ってなに」ではないか。ただし，言葉から受けるイメージで，漠然ながらも意味は理解できるに違いない。小学校で社会科を履修した経験をもつ中学生ならば，中学校の社会科とそれを構成する地理的分野・歴史的分野・公民的分野を，「社会系教科」とみなすことができるだろう。高校生になると微妙である。「社会」と名前の付く教科は，制度上存在しないからである。中学校社会科の3分野からの連続性に注目すれば，「社会系教科」が地理歴史科と公民科を指すことは推察できる。内容だけで言うと，消費者教育や家庭生活を扱う家庭科，健康や心の問題を扱う保健体育

科，エネルギー問題や科学倫理を扱う理科も，広義の「社会系教科」に含まれてよい。

　問題は社会系教科の「目標」であろう。子どもに社会系教科の目標を予想させても，学習指導要領に掲げられているような意味での教科目標や教師が指導案に記載しているような教科観を想起できる子どもは，ほぼいない——もし開示すると，実態とのズレに驚く生徒が多いのではないか。仮に子どもが社会系教科の目標を答えたとしても，鎖国，国風文化，自由権……のように学習事項を列挙する生徒が少なくないだろう。学年最初の授業開き（オリエンテーション）や授業の端々で教師の口からこぼれてくる意図開示の言葉を手がかりに，思考力や判断力などの概念で目標を語ろうとする子どもも確かにいるかもしれない。しかし，それだけでは教師の意図を内在化させるには不十分なので，長期的には自分にとってより切実な受験合格に目標は置き換えられていく。その場合の目標とは，日本史を知る，世界地理を知るなどの認知的要素に還元された目標と同義となるだろう。

　すなわち，生徒の視点から見ると，「社会系教科の目標」とは，将来的に発揮されるべき資質・能力というよりも，即時的かつ自己との関わりで習得の意義が納得できる知識内容として認知されやすい。

２．教師の答え

　教師の場合，「中等社会系教科」の言葉の意味に戸惑うことはない。しかし，自分が「社会系教科」の教師であるというアイデンティティはそれほど強固ではない。とりわけ高等学校になると，社会系教科という大きな括りよりも，「世界史」の教師とか「日本史」「倫理」の教師のように細分化された専門科目で自己規定する傾向にある。

　社会系教科の「目標」に関する教師の捉えは多岐にわたる。学習指導要領の言葉を使いながら目標を語ろうとするケースもあるが，それは限定的である。ある調査では，目標を尋ねられた教師が答えに窮したことがあった——日々の内容を教えることに追われ，社会系教科の目標なんて意識したことがないからである。この問いに，センター試験で点数を取らせるためと制度面

から答える教師もいるが，多くの教師はじっくり考えた末に，社会に出て役立つ知識を持ってほしい，事象の流れや関係性をつかませたい，国際理解の態度を養いたい，社会の出来事や問題に関心を持ってほしい，と答える。

　注目すべきは，教師が語る目標では，「目的」と「意義」が必ずしも明確に区別されない点である。「本日観察させていただいた日本史授業のどこから『社会の出来事や問題』への関心が芽生えるのですか」「どの場面の内容や学び方が『国際理解』に繋がるのですか」と尋ねても，それはナンセンスな問いとしてスルーされる。むしろ，教師が日々の授業でコラム的に挿入していくエピソードや時事放談から社会への関心を高めている，世界の歴史を知ること自体が国際理解につながるのだ，と反論を受けるだろう。

　すなわち，教師の視点から見ると，目標とは，必ずしも自分が教える内容や方法を選択する基準＝目的ではない。むしろ子どもへの関わり方であり，子どもへの関わりを通して子どもに期待される長期的な教育効果＝意義として認知される。この場合，社会系教科の目標とは，日々の授業に埋め込まれた思考のし方や社会への対峙の姿勢として，非明示的に表現されることになる。

3．行政・学会の答え

　中央政府が提起する教科の目標や教育課程の指針を，ナショナルカリキュラムと呼ぶ。日本の場合，それは「学習指導要領」に対応する。学習指導要領には，教科の目標，内容，内容の取扱いが，それぞれ詳述されている。2017（平成29）年改訂中学校学習指導要領で示された社会科の目標（以下①と略記する）を引用してみよう。

　　　社会的な見方・考え方を働かせ，課題を追究したり解決したりする活動を通して，広い視野に立ち，グローバル化する国際社会に主体的に生きる平和で民主的な国家及び社会の形成者に必要な公民としての資質・能力の基礎を次のとおり育成することを目指す。（以下（1）（2）（3）の具体目標は省略。それぞれ，知識・技能，思考力・判断力・表現力，学び

に向かう力・人間性に対応する）。

　ナショナルカリキュラムを補うために，あるいはそれに対抗するために，研究者や実践家等の団体が独自に教科の目標や教育課程を提起することがある。民間教育団体や学会がそれにあたる。本稿では，社会系教科の発祥地である米国の事例を紹介したい。研究者と実践家で構成される学術団体：全米社会科協議会（NCSS）は，社会科の定義と目標（以下②と略記する）を以下のように規定している。

　　　社会科とは，市民的能力を高めるための社会科学と人文学の統合的な学習である。学校のプログラムの中において，社会科は，人類学，考古学，経済学，地理学，歴史学，法学，哲学，政治学，心理学，宗教学および社会学などの諸学問と，人文学や数学，自然科学の関連する内容を基盤に，これらを関連付け系統化した学習を提供するものである。社会科の主たる目的は，相互依存化した世界において文化的に多様で民主的な社会の市民として，公共善のために知性的で合理的な決定ができるように若者を支援することにある。

　①②の目標に共通するのは，育成したい子どもの姿を「公民」「市民」と表現している点だろう。とくに「民主的な」は共通した枕詞であり，民主主義社会の発展に社会系教科のはたす役割の大きさは，日米の共通認識であることがうかがえる。

　ただし，①と②では「民主的」に付随する公民・市民の特性が異なる。①では「平和」への寄与が強調されるのに対して，②では「文化的に多様」なことの尊重が期待される。また，本稿では省略した①の（3）では，「自国を愛」する公民の態度が強調されるが，②では「公共善」を判断・決定できる市民の能力に価値が置かれている。

　なお，現代社会の認識や学問の位置づけなどでは，接点が多い。子どもが生きる社会を，①では「グローバル化する国際社会」と表現し，②では「相

互依存化した世界」と表現する。社会系教科を支える学問を，①では「社会的な見方・考え方」と称し，それを課題追究や課題解決の場で働かせることを求めている。②では「社会科学」や「人文学」の具体的な分野を列挙し，それらを市民的能力を発揮する手段として総合的に活用することが想定されている。

　すなわち，政府や学会の視点からみた社会系教科の目標とは，単なる知識習得でも一般的な意味での人間形成でもない。公共善に関する判断力や国民的アイデンティティを含む政治的な資質・能力育成の文脈で語られるところに特徴がある。またこの目標は，子どもが生きる社会的な状況との関わりで規定されるとともに，科学的な視点や方法を活用できることも必須の要件となっている。

4．答えの違いが意味すること

　ここまでQ1に対する多様な回答例を示してきた。ポイントは，答える主体間で答えにギャップが生じることである。本稿では，教室内の授業を実質的に規定している三者（生徒，教師，行政・学会）の社会系教科の目標観に限って論じたが，教室外から影響力を行使しうる保護者や企業，政党・政治家等のステークホルダーの目標観まで射程に入れると，そのギャップはさらに拡大していくだろう。なお，厳密にいうと，各主体が求める目標を一般化・標準化して述べることさえ難しい。実際には個人差や組織差が大きいし，考え方はそのときの状況によっても変わってくる。

　このような目標観のギャップが，社会系教科の存立と実践を難しくしている。目標ギャップをメタ認知し，与えられた状況下でこれらの調整・調停をはかり，カリキュラムや授業をつくることのできる教師を育てることが，中等社会系教科の指導を向上させる鍵となる。

参考文献

藤瀬泰司（2016）「子どもの授業評価を活用した社会科授業改善の方法：子
　　　　　どもに開かれた授業検討方法の構築をめざして」『社会系教科教

育学研究』28，pp.61-70。

Hiromi Kawaguchi, Kazuhiro　Kusahara, & Masato Ogawa（2017）, What Japanese High School Teachers Say About Social Studies, *The Journal of Social Studies Education, 6*, pp.97-112.

星瑞希（2019）「生徒は教師の歴史授業をいかに意味づけるのか？―「習得」と「専有」の観点から―」『社会科研究』90，pp.25-36。

草原和博（2017）「社会科における『見方・考え方』―追求の視点と授業デザイン―地理：地理主義の強化に留意して主権者教育を実現する」『平成29年版学習指導要領改訂のポイント小学校・中学校　社会』pp.30-33。

南浦涼介・柴田康弘（2013）「子どもたちの社会科学習観形成のために教師は何ができるか：ある中学校教師とその卒業生の事例からの探索的研究」『社会科研究』79，pp.25-36。

村井大介（2014）「カリキュラム史上の出来事を教師は如何に捉えているか―高等学校社会科分化の意味と機能―」『教育社会学研究』95，pp.67-87。

（草原和博）

Q2 歴史的な変遷より今日の中等社会系教科の特徴について説明しなさい

1.「知識及び技能の習得」と「課題の解決」の両立

　歴史的変遷からみた今日の中等社会系教科の特徴は，学習指導要領における中等社会系教科の「改訂の基本的な考え方」によく現れている。そこでは，（ア）基礎的・基本的な「知識及び技能」の確実な習得，（ウ）主権者として，持続可能な社会づくりに向かう社会参画意識の涵養やよりよい社会の実現を視野に課題を解決する態度，という形で，基礎的・基本的な「知識及び技能の習得」と，「課題の解決」の二側面の資質・能力の両立を打ち出している点が特徴的である。

　中等社会系教科における「知識及び技能の習得」と「課題の解決」の両立を図る教育内容編成方針の源流は，社会科成立時の1947年に発出された『学習指導要領社会科編（Ⅱ）（試案）』における中等学校の「一般社会科の意義」の中で，以下の2つの方針が併記されたことに求められる。

---

① 中学校あるいは高等学校の生徒の経験を中心として，これらの学習内容を数箇の大きい問題に総合してあるのであって，教科そのものの内容によって系統だてるようなことはやめることとした。

② 生徒がある1つの社会的な問題を解決するには，従来の各教科における学習内容が何よりも必要である。

　ここでは，今日の中等社会系教科が，社会科成立時に示された2つの方針を，どのような形で実現しようとしているかについて，これまでの社会系教科の歴史的変遷と関わらせつつ明らかにする。

2．高等学校社会系教科の必修科目の新設

　今日の中等社会系教科において「知識・技能の習得」を保障しようとする方策の典型が，高等学校における新たな必修科目の創設を通した高等学校社会系教科内容の再編である。具体的には，2018年の高等学校学習指導要領改訂に伴って，地理歴史科の「地理総合」「歴史総合」公民科の「公共」が新設されたことがこれにあたる。

　これらの科目は，現代の諸課題を捉え考察するための地理的内容，日本と世界の近現代史，現代社会の諸課題に対して判断を下すための概念や理論，といった知識の習得を図る。それとともに地理的技能や歴史の学び方，社会的事象に関する情報の収集・分析・整理，といった技能の習熟をめざしている。

　高等学校社会系教科で全員に対する必修科目が新設されたのは，1978年版学習指導要領での「現代社会」以来である。このときは，現代社会の基本的問題の探究をめざす総合的科目の新設に焦点があてられた。

　一方，今日の高等学校社会系教科における必修科目は，地理・日本史・世界史からなる内容をもカバーする形で各科目の基礎的な内容の確実な習得をめざしている。それとともに，現代の地理的な諸課題の考察，現代の諸課題の形成に関わる近現代の歴史の考察，現実社会の諸課題の探究，といった「主題」と「問い」を中心に構成された学習の展開を求めている。このような形で前述の方針①②を両立しようとしている点が特徴的である。

　今回高等学校社会系教科に必修科目として新設された前述の3科目は，2単位という限られた時間の中で「知識・技能の習得」と「課題の解決」の両立をめざしている。そのため，他の科目・教科および領域との連携の強化が求められていることも，これらの科目の特徴としてうかがえる。

3．学習者を主権者として育てる教育の充実

（1）社会系教科の歴史にみる国民の政治参加を促す教育の位置とその変遷

　今日の中等社会系教科の「改訂の基本的な考え方」では，主権者として主体的に政治に参加することについて自覚を深めることが求められている。こ

のような政治参加を促す教育は，特に選挙権の拡大があった時期の直後に重視されてきた。例えば，1925年の普通選挙法制定は，中等学校での公民科の成立をもたらした。1945年の女性参政権獲得と選挙権年齢の20歳への引き下げの後には，「政治的な諸問題に対して，宣伝の意味を理解し，自分で種々の情報を集めて，科学的総合的な自分の考えを立て」ることを目標に位置づけた社会科の成立をみた。

　ただし，学習者を主権者として育てることをめざす教育を中等社会系教科の歴史的変遷と関わらせて捉えると，政治参加意識や政治への批判力・判断力の育成は理念として強調されるにとどまりがちであった。そのうえ，内容・方法の面では政治制度や統治機構に関する知識の教育にとどまったり，政治権力への監視に重点をおいたりして，現実の政治課題を学習者自身が考えることから引き下がる傾向がみられていた。

（2）公民としての資質・能力の育成をめざす地理歴史教育への転換

　今日の中等社会系教科は，戦前公民科成立時や社会科成立時よりもふみこんだ形で，主権者育成を重視しようとしている。それは，高等学校の地理歴史科が，「グローバル化する国際社会に主体的に生きる平和で民主的な国家及び社会の有為な形成者に必要な公民としての資質・能力」の育成を目指す，という公民科と共通の目標をもつようになったことによく現れている。

　地理教育・歴史教育が公民教育と目標を共有するとき，それらは，成立時の社会科のように，現代社会の認識や課題解決に資する手段として位置づくことになる。2018年版高等学校学習指導要領地理歴史科の選択科目「地理探究」「日本史探究」「世界史探究」では，それぞれ，我が国の国土像，現代日本の課題，地球世界の課題の探究をめざす。このように，各科目固有の内容の理解を深めつつ，学習者を主権者として育てるに資する今日的課題を探究することで，前述の方針①②を両立しようとしている点が特徴的である。

（3）主権者育成に関わる社会的事象・課題の取扱いの積極化

　学習者を主権者として育てる教育の充実を図るため，政治への参画に関わりの深い社会的事象や現実社会の諸課題を積極的に取り扱おうとしていることも今日の中等社会系教科の特徴である。2018年版学習指導要領高等学校

公民科「政治・経済」では，政治や経済に関する概念や理論を活用した現実社会の課題の探究，「倫理」では現代の倫理的課題の探究が求められている。

　また，中学校社会科でも，各分野の内容に応じて，地域的課題の多面的・多角的考察や主権者育成を意識した民主主義・政治制度の来歴や課題を探究する学習が構想されている。

　現実社会における課題の取り扱いをめぐる中等社会系教科の歴史をふりかえると，高等学校の選択科目という形ではあるが，新聞・雑誌・ラジオ放送などの報道から主要な時事問題を引き出し，それを生徒自身が研究していく形で組織された科目「時事問題」を含んで社会科が成立したことが特筆される。その一方で，1969年に発出された文部省初中等教育局長通知「高等学校における政治的教養と政治活動について」のように，「現実の具体的な政治的事象は，取り扱い上慎重を期さなければならない」として，現実の社会的課題の取扱いを厳しく規制してきた歴史がある。

　2015年の選挙権年齢引き下げに伴い，前述の1969年通知は廃止された。さらに，今次改訂の学習指導要領が完全実施される2022年からは，中等教育修了時には生徒全員が成人として主権を行使することになる。こうした動向から，近年では「小・中学校からの体系的な主権者教育の充実」が求められてきている。社会系教科がこれに応えるには，小学校段階から政治的リテラシー（政治的批判力・判断力）の育成をめざし，政策の分析・評価・立案を図る学習を明確に位置づけることが必要である。その際，現実社会の課題の取り扱いに厳しい制限をかけたという主権者教育の歴史的性格を克服するとともに，社会の持続的発展を視野に入れ，現実社会の課題に対して多面的に探究する教育のさらなる積極化が期待される。

参考文献

片上宗二（1993）『日本社会科成立史研究』風間書房。

釜本健司（2017）「公民教育の歴史的展開からみた近年の日本における社会系教科課程の特質」『全国社会科教育学会・韓国社会教科教育学会研究交流論文集』7，pp.83-93。

唐木清志（2017）「社会科における主権者教育——政策に関する学習をどう構想するか」『教育学研究』84(2)，pp.155-167。

木村博一（2006）『日本社会科の成立理念とカリキュラム構造』風間書房。

中央教育審議会（2016）「幼稚園，小学校，中学校，高等学校及び特別支援学校学習指導要領の改善及び必要な方策等について（答申）」。

（釜本健司）

Q3　アジアにおける日本の中等社会系教科の特徴について説明しなさい

1．アジアの中等社会系科目の特徴

　インド・フィリピン・インドネシア・ベトナム・シンガポール・タイ・モンゴルなど「アジア」といっても地域的には東西南北幅広い。モンゴル・中国・日本の比較から社会系教科の特徴を大学院の修士論文の研究で考えてくれたゼミの修了生もいる。アジアの中等社会系教科の特徴を捉えるのであれば，こうした「アジア」の全域を踏まえて考えていく必要があろう。

　しかし，ここでは，日本との共通点や相違点を浮き彫りにするため，教育制度や教科書，学習方法のスタイルが比較的近い韓国・中国・台湾の東アジアの3つの地域に絞って，中等社会系教科の特徴は何かを考えたい。

　まず，韓国の中学校や高校の社会系教科はどのような構成になっているのだろうか。韓国の中学校では，「社会」は地理と公民の内容で編成されており，「歴史」が独立科目となっている点が日本との違いである。一方，韓国の高校では，歴史系の科目は，韓国史・世界史・東アジア史の3つの科目で構成されている。日本との違いは，「東アジア史」がある点である。他にも，地理系の科目には，「韓国地理」「経済地理」「旅行地理」があり，公民系の科目には，「政治と法」「生活と倫理」「経済」「社会・文化」がある。日本よりも科目数が多い編成となっている点に特徴がある。

　また，日本では中学校や高校の教師となるのに，「社会系」という枠組みで教員養成が行われているのに対し，韓国の中等社会系教科の教員養成では，歴史教育科・地理教育科・社会教育科・倫理教育科の4つの学科で構成されている。例えば，歴史教育科を卒業すると，中学校や高校の歴史を教える歴史教師となり，歴史以外の科目は通常担当しない点が異なる。

　次に，日本と比べると，地理や歴史よりも公民に違いがあるのが中国の中等社会系教科の大きな特徴である。中国の中学校の社会系教科は，「地理」

と「歴史」の科目で構成されているのは日本と似ているが，公民は「道徳と法治」となっている。日本では，新学習指導要領から小学校と中学校に「道徳」が教科化されたが，中国では，公民系の科目が「道徳」に組み込まれている点に違いがみられる。また，高校の社会系教科では，公民系の科目は「思想政治」となっており，思想的な学習が中心となっている。

一方，歴史系の科目では，日本や韓国のように，「日本史」「韓国史」と「世界史」が区分されていない。自国史との関わりから世界史を位置づけている点に共通性はあるが，韓国と比べると，中国と日本は地理系の科目が1つだけで構成されている点が異なっている。また，中国の中等社会系教科も各専門教科の教員が担当して授業を行う点は日本と違いがある。

さらに，台湾の中学校の社会系教科をみると，地理科・歴史科・公民と社会科の3つの科目で構成されている。日本の「分野」と似ているようだが，「科」によって区分されている点で台湾の社会系教科も，総合的な教科というよりも分化的な教科というイメージに近いだろう。また，高校の社会系科目も地理・歴史・公民の3つの科目から編成され，韓国や日本のように科目が学問分野ごとに細分化されていないのも特徴的といえよう。

台湾の小学校では，韓国と日本のように「社会」を学習しているが，中学校や高校では専門科目を教員が担う点では，韓国や中国の社会系教科と共通している。日本は，東アジアの3つの地域と比べると，地理・歴史・公民が中等教育段階では分化していく点は共通しているが，中等教育段階でも総合的・統合的に学習しようとする点に特徴がある。そのため，社会系教科としての枠組みをどのように捉えて授業を構成するのかが課題となっている。

2．日本の中等社会系教科の特徴

東アジアの地域の中等社会系教科と比べると，日本の中学校や高校での社会系教科の科目は，地理・歴史・公民の3つの名称で括られて考えられることが多い。中学校では地理的分野・歴史的分野・公民的分野というように，「分野」をつけて呼ばれ，高校では，日本史・世界史・地理・公共・政治経済・倫理などのように「科目」の名で呼ばれている。では，中学校や高校の教職をめ

ざす皆さんは，中学校の「分野」や高校の「科目」の特徴をどのように捉えて，中学校や高校での社会系教科の学習を構成しようと考えているだろうか。具体的に，中等社会系教科の特徴を見ていこう。

　まず，中学校の場合を見てみよう。日本では，小学校から中学校までの義務教育段階で「社会科」を子どもたちと学習していく。中学校では，地理・歴史・公民を「分野」で学ぶが，地理科・歴史科・公民科にして，「社会科」でなくてもよいのではないかと皆さんは考えたことはないだろうか。中学校の社会系教科の特徴を考えるポイントはこの点にある。中学校の社会系教科では地理と歴史を柱に公民を学ぶ「教科構造」になっている。

　それに比べて，小学校の社会科では明確な「分野」による区別はない。小学校や中学校での社会科の学びが総合的であるというのはこうした点に特徴が見られるからである。中学校の社会系教科の内容は多くの学問分野と関わっている。教育系の大学で学ぶ皆さんも人文社会系の大学で学ぶ皆さんも共に中学校の社会系教科の学びは地理・歴史・公民ではなく，「社会科」であるということを踏まえて，学習を構成することが必要だろう。

　高校の社会系科目になると，小学校や中学校の「社会科」ではなく，「地理歴史科」と「公民科」になる。まず，「地理歴史科」と「社会科」は違うのかを考えてみる必要がある。中学校では，歴史・地理・公民の「分野」を総合して「社会科」を学んでいたが，高校の「地理歴史科」の学習内容には，「地理」と「歴史」はあるが「公民」はない。高校の「地理歴史科」の教師になる人に「公民」は必要ないのだろうか。最近は，自治体によっては，教員採用試験の受験要件として，「地理歴史科」と「公民科」の2つの教員免許状を持っていることを求めている場合もあるがどうだろう。

　さらに，「地理歴史科」の中にある科目は日本史・世界史・地理であるが，背景となる学問分野は歴史学や地理学となる。大学で歴史学や地理学を学べばよりよい「地理歴史科」教師になることができるのだろうか。これには，様々な立場や意見があるが，「地理歴史科」の特徴である「時間」と「空間」の学びをじっくり捉えたい。

　高校の社会系教科のもう1つの柱である「公民科」を見てみよう。公民科

の構成は，公共・政治経済・倫理の３つの科目から成り立っている。公民科の背景となる学問分野は，政治学・経済学・法律学・社会学・哲学・倫理学など多様なものである。では，新学習指導要領から設置された「公共」はこれまでの「現代社会」とどのような違いがあるのだろうか。

　これから「公民科」の教員をめざす皆さんは，「地理歴史科」の特徴である時間と空間の学びに対して，「公共」とはどのような学びになるのか新たな授業デザインが求められている。「公民科」の授業は，地域社会でのボランティアや企業活動など社会とのつながりを重視した学びを教師がコーディネートできるかが問われている。教育実習はもちろんのこと，海外留学やインターンシップといった大学でのアクティブな学びを「公民科」の学びに生かすことが新たな「公共」の授業を創り出すことになろう。

３．アジアからみた日本の中等社会系科目の特徴

　これまで考察してきたことを踏まえ，アジアからみた日本の中等社会系科目の特徴を「教科構造」と「教員養成」の２つの視点でまとめてみよう。

　まず，アジアからみた日本の中等社会系科目の特徴を「教科構造」の視点から考えてみると，総合的な教科なのか，分化的な教科なのかということに着目してみる必要がある。いま，中学校や高校の教師をめざす皆さんは，それぞれが専攻する学問分野の研究を大学や大学院で学んでいよう。

　例えば，歴史学には歴史学が持つ固有の問題意識や研究方法があるように，社会系教科を構成する各学問分野では，それぞれにそうしたアプローチで教育研究が取り組まれている。一方で，大学や大学院での専門分野の学びは中学校や高校の教師としての専門教科の学習に重要ではあるが，社会系教科を学ぶ子どもたちにどのような授業を構成していくのか，１つの専門分野にとらわれない幅広い視座をもっていくことが必要となろう。

　分化的な教科であれば，親学問との関係性とのバランスを考えながら，専門教科の学びをデザインすることになるが，総合的な教科となれば多様な学問を再構成する資質や能力が社会系教科の教師には求められる。このように，「教科構造」をよく理解した上で，中学校や高校の学びをプロデュース

できるように各学問分野を体系的に学んでいくことが必要である。

　次に，「教員養成」の視点から考えてみると，アジアの社会系教科の教員養成が政治学と政治教育といったように各学問分野と強く結びついているのに対し，日本の社会系教科の教員養成では，歴史学・地理学・法律学・政治学・経済学・社会学・哲学・倫理学などの専門分野と中学校や高校の授業デザインを学ぶ教科教育が組み合わされている点に特徴がある。

　もちろん，東アジアの地域でも教科教育分野の研究は盛んではある。しかし，日本は社会系教科教育の研究に限ってみても教科教育学に関する専門的な学会が数多く存在し，活発な学術研究が行われている。近年では，全国の教育系大学に教職大学院が設置され，行政・大学・学校が一体となって理論と実践の往還を図っている。こうした社会系教科の学習を構成する要素を分析して，効果的な授業を展開できる中学校や高校の教師をどのように育てていくのかが教師としてのライフステージとの関係から見直されている。

　新学習指導要領では小学校から高校までの社会系教科のカリキュラムを見通した授業をどのように創り出していくかが課題となっている。大学や大学院での学びを省察し，よりよい社会系教科の授業がデザインできるように，教科専門と教科教育を架橋した理論と実践を生み出す教師となることがこれからの社会系教科の教師をめざす皆さんには求められている。

参考文献

梅野正信・福田喜彦編（2020）『東アジアにおける法規範教育の構築』風間書房。

社会系教科教育学会編（2019）『社会系教科教育学研究のブレイクスルー』風間書房。

社会認識教育学会編（2020）『中学校社会科教育・高等学校地理歴史科教育』学術図書出版社。

日本公民教育学会編（2019）『新版テキストブック公民教育』第一学習社。

（福田喜彦）

Q4 欧米との比較からみた日本の中等社会系教科の特徴について説明しなさい

　東アジアでも，中国，韓国，日本では中等社会系教科の特徴が異なるように，欧米でも，英国，米国，フランス，ドイツ，フィンランドなどで特徴はかなり異なる。ここでは米国との比較の上で論じていこう。

1. 公式カリキュラム上の違い

　日本の社会科カリキュラムと米国のそれとを比較し特徴の違いを論じた研究として森分（1996）がある。日本でも米国でも小学校3年生で地域共同体を取り上げるのだが，森分は米国で比較的に多く採用されているホルト社の3年生用社会科教科書と副読本『私たちの広島市』を比較し，その特質の違いを論じている。日本の場合，学習指導要領が，地域の一員としての自覚と地域に誇りと愛情を育むことを態度目標として設定し，それに合うように学ぶ対象範囲をほぼ子どもたちの住む地域に限定し，前向きに地域に貢献する人々をあえてとして取り上げて，彼らの地域貢献の「努力・工夫」の姿とそこに向けた彼らの「思い・願い」を学ぶことを通して，「産業は（略）私たちの生活を支えている」「対策や事業は地域の人々の健康な生活や良好な生活環境の維持と向上の役に立っている」とする見方・考え方を習得させることを理解目標として設定している。学習指導要領のこうした方針に基づいて，地方公共団体は副読本『私たちの広島市』を作成する。そこでは，広島菜を育てる農家，清掃奉仕をする人たち，スーパーの従業員等の仕事への拘りや工夫，努力，そして仕事や地域の人々への思い願いが伝えられている。インフラも日常の安全も豊富な物流も文化遺産も，そこで働く人々や先人たちの努力のおかげである―その努力に感謝，「感謝の社会科」となる。為政者（地方公共団体）側が学習内容となる事実や解釈，そして意味づけまで子どもたちに与える形となっている。

　しかし米国の3年生用教科書は全く違う内容となっている。全米各地の，

場合によっては外国の地域共同体まで取り上げられ，それらは体系的に編成されている。例えば地域共同体の歴史を扱う単元の場合，プロテスタントの布教地を起源に持つプリマス，ネイティブ・アメリカンの集落を起源に持つジュンゴボビ，旧スペイン植民地でカトリック教徒の多いサンタフェが取り上げられている。また地域共同体の産業を扱う単元では，農業共同体のベラ，工業都市のトーマスビル，政治都市のワシントン，観光都市のホノルルが取り上げられている。森分によると，子どもたちはこれらの都市を学んだ後，自分たちの住む共同体と比較して，自分たちの共同体が工業都市なのか政治都市なのか，また工業都市であると認識したとしてトーマスビルと自分たちの共同体とはどのような違いがあり，なぜそうした違いが生じているのか，自身の手で分析して地域を描き意味づけていくのだという。ここにおいて教科書は記憶の対象ではない。教科書は子どもたちの主体的な地域共同体の分析や意味づけにおいて必要となる概念や比較情報を提供する媒体に過ぎない。当然ながら地方公共団体が副読本を配ることはない。

　これは小学校 3 年生を事例としているが，中等段階でもある程度日米間の差異として確認できるところである。例えば日本の中学校の社会科の学習指導要領を見ると，歴史的分野では，維新や条約改正，戦後復興に尽力した人々の努力に注目させるように促す部分がある。他の箇所ではそこまで情緒的な取り扱いは求められていないかもしれないが，日本の中等社会系教科は，他地域と比較して対象を相対化して考えるという発想が全体的に弱い。それは例えば地理的分野が主に地誌を中心に構成されていて系統地理的発想（主題別地域比較分析）が弱い点，公民的分野では外国の制度や政策と日本のものとを比較して分析・評価する活動がほとんど（全く？）想定されていない点などに確認できる。

　一方，近年では，小中学校のものを中心に教科書は記憶の対象であるといった発想からの転換が日本でも意識されるようになってきた。しかし，その徹底度は米国に比べると不十分と言える。それは後述する教科書に関わる制度上の違いも多少影響していると思われる。

2．実際のカリキュラムの違い

　森分の研究は学習指導要領や教科書といった公式カリキュラム（formal curriculum）上の違いを論じているに過ぎない。教師は常にこうしたカリキュラムにアレンジを加えるし，場合によっては積極的な読み替えをする。実際に教師が行っているカリキュラム（enacted curriculum）について日米間に違いはあるのだろうか。これについて注目したいのは，渡辺（2003）の研究である。氏は米国と日本の中等学校段階の歴史授業を数多く参与観察し，日米間の歴史授業実践に見られる授業スタイルの違いについて一冊の本にまとめている。これによると，日本の教師は，歴史上の人物の心情に寄り添い，彼らの動機から歴史上の行為を読み解く共感理解型の授業スタイルをとる教師が多いことに対して，米国の教師は「なぜ」という因果関係の説明を求める問いを日本の教師よりずっと多く投げかけて問い質す分析探究型の授業スタイルを採用する教師が多いのだという。日本の歴史授業は自然と物語的な構造となり，米国の歴史授業は倒叙法の構造になることが多いようだ。渡辺によると，米国には１つの授業で30以上も「なぜ」の問いを投げかけた教師もいたというのだから驚きだ。少なくともこの教師の授業は，じっくり考えることを重視する私たちが理想とする探究型の授業ではないと推察されるが，物事には必ず何か理由があり，それは事実によって立証できる，とする科学的合理的思考の精神性は伝わってくる。逆に日本の教師の多くに見られる授業スタイルは，道徳や国語でのアプローチに似ており，ある種の生き方学習となっている。これは偶然か必然か，森分が日本の社会科の副読本の特徴として明らかにしたところと重複する。

3．教室環境や教室外環境の違い

　筆者が米国の中学校訪問をして驚いたのは，まず教科書が厚いこと。700頁もあった。中身はカラーで資料も豊富，問いが単元末についている。ハードカバーで重く，持って帰るのは大変だ。実は米国は教科書貸与制度を採用しており，生徒は自分専用の教科書を持っているわけではない。生徒は社会

科の授業になると社会科学習専用の部屋（社会科室）に移動し，教室の後ろに山積みにされた教科書を1冊ずつ持って机に座る。授業が終わるとまた元に戻す。家に持って帰ることを想定していないのだ。書き込みも厳禁。教科書は他の生徒も使うからだ。これでは教科書の内容を暗記させるような授業を行うのは不可能に近い。事実，筆者が観察した教師は，教科書を資料集のように扱っていた。授業の問いはその教師が手にしている別の教材らしきものから引用しているようだった。生徒は教師の問いをノートに書き込み，配られた資料を元に話し合い活動を通して自分たちの考えをまたノートに書き込む。社会科の部屋は探究活動に必要となる複数の資料集が置かれ，壁には地図，年表，リンカーンの肖像画や生徒の作品が飾られていた。教室の雰囲気は生徒の探究活動を刺激する工夫に溢れていた。

　ここから考えて，日本の制度や学校文化は，米国と比べて教科書の暗記を助長しやすいと言わざるを得ない。なお上記の教師が使っていた教材らしきものは，非営利の教育組織が作成した単元プラン集である。保守系から革新系まで様々な組織がこうした教材を提供しており，米国の教師の授業構想力を支えている。これについてはヘス（2021）の研究が詳しい。翻訳書が出版されたので一読してもらいたい。

参考文献

森分孝治（1996）「社会科の本質——市民的資質教育における科学性」『社会科教育研究』74，pp.60-70。

渡辺雅子（2003）『叙述スタイルと歴史教育——教授法と教科書の国際比較』三元社。

D・ヘス（渡部竜也ほか訳）（2021）『教室における政治的中立性——論争問題を扱うために』春風社。

（渡部竜也）

第2章

中等社会系教科の
カリキュラム

Q1 中等社会系教科のカリキュラム構成について 説明しなさい

本節では，2017年改訂中学校学習指導要領，および2018年改訂高等学校学習指導要領を用いて，中等社会系教科のカリキュラムの特色と課題について考察しよう。

1．目標の構造化

今回改訂された学習指導要領の特色としては，何のために学ぶのかを意識したことにあるといえる。具体的には，子どもたちに身につけてほしい目標としての資質・能力を，①知識及び技能，②思考力・判断力・表現力等，③学びに向かう力・人間性等の3つの柱に再整理し，すべての教科，科目，分野，単元等において，それぞれ設定したことにある。

すべての教科，科目，分野，単元等において，目標が共通する3つの柱で類型化されて提示されたことによって，それらを比較することで，近接単元間の接続性や類似単元間の系統性などが明確となるため，一貫した系統的な目標という機能を備えることになったと評価できる。

しかし，その接続性や系統性が不明確という課題も同時に存在する。例えば，中学校の「歴史的分野」と高等学校の「歴史総合」の両分野・科目において取り上げられている第1次世界大戦に関する単元を事例にその違いを見

ると，「知識及び技能」に関しては，学習内容の詳細化・高度化の傾向が確認できる。また「思考力・判断力・表現力等」に関しては，「多面的・多角的に考察し，表現する」という思考力等の質に関する文言は同じで，その内容となる何を思考，判断，表現するかが異なるのみである。さらに「学びに向かう力・人間性等」に関しても，「歴史的分野」や「歴史総合」の目標として冒頭に設定されているものを見る限り，内容以外に明確な差を見いだせない。

　これらのことから，３つの柱で構造化されたと言っても，中等社会系教科においては内容による差が中心で，果たしてその内容の差が，冒頭の目標としての「資質・能力」とどのように関連しているのか，不明確と言わざるを得ない。「資質・能力」を明確に定義し，その育成のために必要ならば３つに分類し，各分類（柱）の層構造を相互に関連させながら系統立てて演繹的に導出しなければ，その接続性や系統性を担保することは難しいが，それが十分に確認できないという課題である。

２．中学校：課題解決志向型カリキュラム構成

　今回改訂された中学校学習指導要領の特色としては，現行学習指導要領の枠組みや教育内容を維持したことも挙げられる。では，新学習指導要領において，中学校はどのようなカリキュラム構成となっているといえるだろうか。学習指導要領の解説社会編134頁にある「中学校社会科公民的分野の学習の流れ」に関する模式図を参考に考えてみたい。

　同模式図にもあるように，公民的分野の項目Ｄ「私たちと国際社会の諸課題」の (2)「よりよい社会を目指して」に向けて，小学校，地理的分野，歴史的分野，公民的分野のすべての矢印が集約しており，同項目が小学校も含めた義務教育段階の社会科のまとめとして位置付けられていることが分かる。同項目では，よりよい社会を築いていくために解決すべき課題を多面的・多角的に考察，構想し，自分の考えを説明，論述することが求められており，解説において，適切かつ十分な授業時数を配当し，社会科の学習全体を通して習得した「知識及び技能」を活用するとともに，これまでの学習で培った「見方・考え方」を総動員して課題の解決に向けて探究し，自分の考

えを説明，論述できるようにすることが大切であるとしている。

　そのため，地理的分野や歴史的分野の学習も，公民的分野の項目Ｄの（2）にとって意味ある学習としなければならない。よって課題解決を最終目標とする課題解決志向型カリキュラム構成と形容できよう。よりよい社会の創り手となるために必要な資質・能力を育む「社会に開かれた教育課程」の実現にも資する構成と言えよう。

　こうしたカリキュラム構成は現行の学習指導要領でも同様であるが，この特色が十分に意識されておらず，各分野を有機的につなげる学習が十分になされていない。結果，個別学問・領域の習得（暗記）に留まりがちというのが，これまでにも指摘されてきている中学校社会科の課題と言える。

3. 高等学校：課題解決目的型カリキュラム構成

　他方，高等学校学習指導要領では，新しい時代に必要となる資質・能力を踏まえた教科・科目等の新設の一環として，地理歴史科において「歴史総合」と「地理総合」が，公民科において「公共」がそれぞれ必修科目として新設された。中学校同様「社会に開かれた教育課程」となることを意識したものと推察される。ではこれらの新設必修科目は，どのような構成となっているのか。高等学校の必修科目の構成から推察される社会系教科のカリキュラムの特色について概観しよう。

　まず「歴史総合」は，大項目Ｂ，Ｃ，Ｄの（4）において，現代的な諸課題の形成に関わる近代化，大衆化，グローバル化の歴史をそれぞれ学ぶことが求められている。このことから，現代的な諸課題の歴史的分析を目指す科目と考えられる。なぜなら，課題を把握し，なぜそのような課題が発生したのかを分析・検討するために，歴史的事象を手段として学習しているという関係性が見て取れるからである。こうした科目の特性は「地理総合」でも類似しており，現代的な課題を地理学的に構造分析する科目といえる。

　最後に「公共」であるが，小・中学校社会科や地理歴史科などで育んだ資質・能力を用いるとともに，現実社会の諸課題の解決に向け，自己と社会との関わりを踏まえ，社会に参画する主体として自立することや，他者と協働

してよりよい社会を形成することなどについて考察する必履修科目として設定されており，課題の分析にとどまらず，合意形成や社会参画も視野に入れた学習となるよう組織されていることにその特色があるとまとめられる。

　以上のことから，必修科目を見る限り，高等学校の社会系教科は，課題解決目的型カリキュラムを志向しているとまとめられよう。

4．教科教育学にとってカリキュラムとは何か

　教科教育学は，教科教育実践の改善・改革を目指して，目標と内容と方法とを関連させ，理論と実践に関して研究・分析・提案する学問である。その際，いかなる目標が教科としてふさわしいか考え，それを実現するためにはいかなる内容や方法が良いかを構想する。2．で指摘したように，個別学問・領域の習得（暗記）に留まりがちというのが，これまでにも指摘されてきている中学校社会科の課題であり，中等社会系教科においては個別学問とその内容が大きな比重を占めている。無論，内容は教育における重要な要素ではあるが，あくまでも目標を実現するための手段でしかなく内容を理解することが目標の全部ではない。

　よって社会系教科においては，「社会認識を通して市民的資質を育成する」という同教科の本質に立ち返り，市民的資質とは何でなければならないかを踏まえて目標を構造化し，その上でその構造化された目標の実現のために，従来からの学習指導要領の枠組みや教育内容，教科や科目の構成についてさえも，一度立ち止まって考えなおす必要があろう。今回の改訂の要点の1つでもある「カリキュラム・マネジメント」は，それを可能にする概念でもあると考える。

参考文献

子どものシティズンシップ教育研究会（2018）『社会形成科社会科論』風間書房。

G.マックロッホほか著（後洋一訳）（2003）『国民のための教育改革とは――英国の「カリキュラム改革と教師の対応」に学ぶ』学文社。

日本教科教育学会（2015）『今なぜ，教科教育なのか』文溪堂。

文部科学省（https://www.mext.go.jp/component/a_menu/education/micro_
　　detail/__icsFiles/afieldfile/2019/03/18/1387018_003.pdf），（https://
　　www.mext.go.jp/content/1407073_03_2_2.pdf）2020年4月13日閲
　　覧。

（竹中伸夫）

Q2　カリキュラムマネジメントについて説明しなさい

1．実践からみるカリキュラムマネジメント

　カリキュラム・マネジメントとは，各学校が，学校の教育目標をよりよく達成するために，組織としてカリキュラムを創り，動かし，変えていく，継続的かつ発展的な課題解決の営みである（田村，2011）。すなわち，目標を基盤にカリキュラムを作成し，それを学校改善の中核に位置づける思想である。

　まずは，図2-2-1を見て頂きたい。本カリキュラムは岐阜大学附属中学校の矢島徳宗教諭が作成した単元計画である。本単元を設計する過程は，まず教

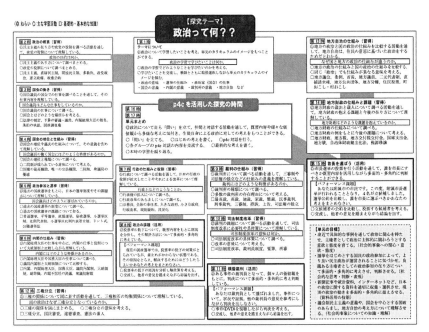

図2-2-1　政治単元構成の実際
（出典：須本良夫・田中伸編著〔2017〕『社会科教育における
カリキュラム・マネジメント』梓出版社，pp.2-19。）

師が探究テーマ（政治って何？）を示し，「政治の学習で学びたいことは何か」という問いに基づき，子ども達が学びたいことを考えてゆく。そこでは，「そもそも政治って何のためにやるのか」「政党の種類はどのくらいあるのか」「内閣総理大臣ってどうやって決めているのか」「政治家の給料と労働時間はどのくらいなのか」「自分が政治家になるためにはどうすればいいのか」「地元の政治と国の政治は何が違うのか」などの意見が出された。教師は，それらを元に子どもと共に単元をデザインした。また，その中で教科書や資料集等の知識では解決できない論争問題などが出てきた。それを受けて，第16時，第17時において，自ら問い（本日の課題）を立て，それを対話により探究する授業を設定した。答えの無い問いへ子どもが向き合う時間である。

当該の教師へ本単元を設計した意図を尋ねたところ，大きくは以下3点であった。第1は一人一人が主権者としての政治参加の在り方について多面的・多角的に考察・構想・表現し，日本の民主政治や地方自治の発展に寄与しようとする自覚や住民としての自治意識の基礎を養うこと。第2は，政治について子ども一人一人が考え，子どもが主体的に学びたいことについて共通理解を図り，子どもが知識・技能や思考力・判断力・表現力を育成できるように単元を構成すること。第3は全員が政治について同じ認識をさせることを目指してはおらず，子どもが設定した「問い」について，既習内容や子ども各々がもつ価値観を他者の意見を踏まえながら多面的・多角的かつ主体的に考えていくことを目指す，と述べた。

これがカリキュラムマネジメントである。すなわち，育成したい子ども像を明確に設定し，そこから逆算をする。その際には，目前の子どもが自律的に関わるカリキュラムを設計する。学習指導要領等を前提としながら，教師が学級・子どもの文化を踏まえた学びの過程をデザインするのである。

2. カリキュラムマネジメントの要素と考え方

では，先の教論は本カリキュラムを設計した理論的根拠は何か。それは，図2-2-2に基づいている。本図については別稿で詳細に論じている（田中，2017）ため，ここでは概要だけを示す。

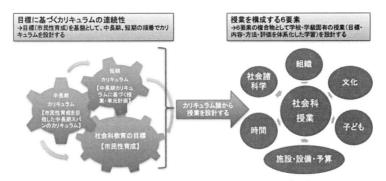

図2-2-2　カリキュラム・マネジメントとしての授業デザイン
（出典：矢島徳宗「岐阜大学教育学部附属中学校社会科学習指導案」2019年度附属
中学校研究発表会資料）

　まず，カリキュラムは，目標をエンジンとし，中長期・短期を合わせて設
計する。その際，授業を構成する要素は大きく６点である。第１は，政治
学，経済学，社会学，地理学，歴史学等から牽引される社会諸科学が蓄積し
てきた視点や見方・考え方である。これらは，社会事象を分析する１つの枠
組みとして一定の有効性がある。第２は子どもである。子どもは各々が固有
の知識・価値観を持ち，社会に対する様々なイメージを持っている。それは
必ずしも一般化出来るものではなく，共通の土壌を持たない場合も多い。授
業は子どもが持つ既存の知識や認識を踏まえ，教師が子どもと共にその発
展・深化・応用を目指す。第３は文化である。個々人の見方・考え方は所属す
る文化や社会に規定され，そこから各々が固有の視点や解釈を構成する。子
ども達が日々接している様々な文化は，彼らの価値形成・価値判断に大きな
影響を与えているため，カリキュラムの設計は，子どもの認識や価値観へ意
識的・無意識的に影響を与える文化の作用を考慮する必要がある（田中，
2011）。第４は施設・設備・予算等のハード面である。例えば，電子黒板，タ
ブレット等，教室における設備の充実度もその１つである。このような制度
的な側面は，カリキュラムや授業の目標・内容・方法へ影響を与える。第５は
時間である。社会科は様々な教科の中の１つである。授業時間は限られてい
ることから，時間内で何が出来るか，また時間内で他教科との目標的な連携

はどの程度可能なのかを検討する。第6は組織である。学校は地域社会や歴史の中で一定の価値観や規範などを併せ持つ。カリキュラムは、特定の組織文化が脈々と受け継いできた思想を引き受けつつ、それをどのように子どもと捉え、考えるか。その相対化を含めて複合的に検討をする。教師は、目標を軸にこれら6点を自主的・自律的にマネジメントする。

3. カリキュラムマネジメントの応用可能性

先に示した実践の特徴は以下2点である。第1は、目標から帰納的にカリキュラムを設計していることである。カリキュラムの目的は、あくまでも子どもの資質・能力育成である。しかし、それのみに拘（こだわ）り演繹的に授業化するのではなく、子どもや社会の文脈と照らし合わせることで双方向的に設計する。

第2は、授業で「教えたこと」と子どもが「学んだこと」をイコールで考えない点である。教師が綺麗な指導案や授業プランを設計しても、それを子どもが学び取るとは限らない。本授業は、子どもへ学びたい内容を問い、それを軸にカリキュラムを設計する。すなわち、子どもが持つ学びへのモチベーションを軸に教師がカリキュラムをデザインする。

学びとは、教師と子ども、子ども同志、学校と社会のコミュニケーションである。学校や社会の文化を引き受け、子どもの学びを丁寧にデザインする。それが、カリキュラムマネジメントである。

参考文献

須本良夫・田中伸編著（2017）『社会科教育におけるカリキュラム・マネジメント』梓出版。

田中伸（2011）「シティズンシップ教育実践の多様性とその原理——学習環境を規定する市民性意識の解明を通して」『教育方法学研究』日本教育方法学会、第36巻、pp.39-50。

田村知子（2011）『実践・カリキュラムマネジメント』ぎょうせい。

（田中　伸）

Q3　他教科・教科外活動との関係性について説明しなさい

　2017年改訂「中学校学習指導要領」と，2018年改訂「高等学校学習指導要領」に基づけば，「他教科・教科外活動」とは特別な教科道徳を含む全ての教科と，総合的な学習／探究の時間と特別活動を指し，非常に広大である。

　そこで，以下の3点の視座から見た「関係性」に集約してこの問いに応えていきたい。すなわち，「1．『内容・対象』『方法』から見た関係」，「2．教師の『教育課程・カリキュラム編成』から見た関係」，「3．生徒の『文脈・本気度』から見た関係」を検討する。

1．「内容・対象」「方法」から見た関係

　学習指導要領で示唆されている他教科との関連は，このタイプに位置付くと考えられる。文化史的な内容を例に考えてみよう。

　17世紀のオランダ，ベルギーで活躍した著名な画家に，ルーベンス（Peter Paul Rubens）とフェルメール（Johannes Vermeer）がいる。前者は，アントウェルペンの聖母大聖堂の『キリスト昇架』が，後者は，『恋文』『真珠の耳飾りの少女』などが名高い。このような，ある時代の，ある地域の文化を社会系教科で教えようとすると，代表的な作品名と作者名を表に整理することで終わってしまいがちだ。

　そこで，美術史的な内容に踏み込んで，両者の作品の対象，表現方法，制作過程に注目してみよう。ルーベンスは工房を構え，宗教的題材を迫力ある構図で描いているが，分業体制で縦横数メートルもある巨大な作品を量産し，スペインで宮廷画家だけでなく外交官としても働き，王や貴族，教会と親密な関係を築いていた。一方，フェルメールは寡作で，当時の民衆の日常場面を，独特な遠近法技術を駆使して，巧みに光と陰影を描いた。また，アフガニスタンからもたらされた高価なラピスラズリを原料とする，深く印象的な青色を多用した。しかし，晩年はそれを支えていたパトロンの実業家を

亡くし，絵も売れず生活苦となった。

　このようにまとめると「ほぼ同時期に，空間的にも隣接した地域で活躍した両者の作風が大きく異なるのは，なぜなのだろうか」といった社会的・政治的な背景の追求を促す問いを設定しやすい。ルーベンスの作風からは，八十年戦争（オランダ独立戦争とも：1568-1648）や対抗宗教改革，公的な権力による芸術（家）の庇護（／介入）といった事柄に結びつけられるし，フェルメールの作風からはオランダ商業圏・民衆世界の繁栄と英蘭戦争による衰退，民間の実業家による芸術（家）の支援につなげられる。

　同様に，他教科・教科外活動と共通する学習方法を用いることも多く行われていよう。例えば，ディスカッション，ディベート，ワールドカフェ，ジグソー法などは，社会科に限らず，意見交換や合意形成を図る方法としてしばしば見られるものである。

　ただし，このように内容・対象，方法を軸とするとき，できるところでやるというような，部分的で非連続的な授業になりやすい。また，芸術作品や作者，作風そのものの理解を深めるためなのか，それらが生まれた社会の理解を深めるためなのかといった，つまり他教科・教科外学習との主客の関係性に気を配ることも必要である。

2．教師の「カリキュラム・教育課程編成」から見た関係

　ここでは，初期社会科，経験主義社会科，問題解決社会科と呼ばれる1947年，1951年改訂学習指導要領に基づく社会科から考えたい。戦後の民主化の動き，また「試案」としての指導要領の性格もあって，目的・目標からの教育課程編成をボトムアップ的に行った例が見られるためである。

　初期社会科は，戦後の民主的社会の実現に貢献する実践的な社会人の育成を究極の目標としていた。初等では，人間主体の育成を中軸に人間と環境（自然，社会）を相互関係的に捉えたり，地域社会における児童の生活経験の深化をもとにしたりして，生活課題の解決を行なっていく教育課程などが構想されている。これらでは，学問の系統性によってではなく，人と自然の関係から取り扱う内容を配列したり，課題解決の必要に応じて他教科・他分

野にまたがったり，学校全体で学んだりするようになっていた。

　高校では，「一般社会」と「時事問題」があった。「一般社会」は総合科目
とされ，戦後の経済復興の視点から社会の機能（市場，流通，企業など）に
注目する単元例が示されたり，他の分化的な科目との接続が図られたりして
いった。また，「時事問題」は，新聞や雑誌，ラジオ放送などから教材を引
き出すものとされ，49年の教科書検定基準では，社会的問題，経済的問題，
政治的問題，国際的問題の大枠が示された。このような自由度が高い制度的
性格もあり，これらの科目では新聞を用い今日的な社会問題について諸側面
から探求する意欲的な実践も生まれた一方で，戦前からの伝達主義的・教養
主義的・専門家主義的な授業も多く行われていた。

　以上の初期社会科の例に見る，他教科・教科外活動との関係性を考える上
で重要な特色は，社会科を学校教育全体の中核に位置づけ，あるいはその目
的・目標をもとにして，広領域化・総合化し，教育課程全体までも構想しうる
点である。このことは，他教科との内容的な境界は曖昧になること，他教科
とは中心と周辺のような役割関係に見えることを示唆している。さらに，そ
うした社会科と他教科・教科外活動との関係が，関連付けられ総合された問
題解決学習として体現されうる一方で，専門に棲み分けられた内容の伝達・
講義学習ともなりうるのは，教師が社会科という教科とその目的・目標を，
どのように捉えるかによることも，重要な論点である。

3．生徒の「文脈・本気度」から見た関係

　ところで，なぜ今，社会系教科と他教科・教科外活動との関係性が問われ
るのだろうか。今日，私たちは不確実で複雑な現実の社会を直視しにくく
なっていると言われている。これまで以上に，現実社会の問題に対処してい
ける力の育成が，学校教育に求められていると言える。そのため，社会と関
わる（ための知識やスキルを学ぶ）必要性と意味を自覚し，本気で探求して
いける学習が必要になる。学ぶ必要性と意味の自覚には，学びを切実に迫る
「現実の社会生活の文脈」が欠かせない。

　しかし，図のような学校，自身の生活圏，学問・プロフェッショナルの世

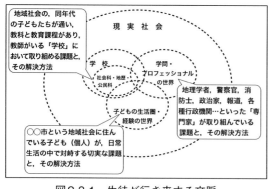

図2-3-1　生徒が行き来する文脈
（筆者作成）

界を行き来する生徒にとっては，どれもが現実であり，それぞれの文脈において切実なこととその解決の仕方は，重なりつつも異なる。専門家にとって切実な課題とその解決方法は，必ずしも「市民（となる中高生）」ができる／すべきことではないが，専門家の方法を無視したり，学校の中でしか用いなかったり，子どもの納得で済む課題や方法だけでは，本気の学習とはなりにくい。したがって，例えば１．で示した文化史的内容は，視点こそ複数化されているが，歴史学者にとっての関心ごとに過ぎないかも知れず，生徒が自ら学ぶ必要や意味を見出せるかについては検討の余地がある。生徒の「文脈・本気度」から見たとき，社会系教科と他教科・教科外活動とには，新たな関係性が築かれていくだろう。

参考文献

木村博一（1983）「戦後初期社会科実践史研究　吹上小学校コア・カリキュラムと内原小学校地域教育計画書の検討」『社会科研究』第31号，pp.85-95。

黒澤英典・和井田清司・若菜俊文・宇田川宏（1998）『高校初期社会科の研究——「一般社会」「時事問題」の実践を中心として』学文社。

豊嶋啓司・柴田康弘（2016）「アウトカムのための社会科市民的資質評価」『教育目標・評価学会紀要』第26号，pp.41-51。

文部科学省（2017）『中学校学習指導要領』。

文部科学省（2018）『高等学校学習指導要領』。

国立西洋美術館（2018）『ルーベンス展　バロックの誕生』（展覧会図録）。

（後藤賢次郎）

Q4　道徳との関係性について説明しなさい

1．社会系教科の目的と道徳

　社会系教科において，道徳との関係が問題になるのはなぜだろうか。道徳を辞書で引いてみると「ある社会で，人々がそれによって善悪・正邪を判断し，正しく行為するための規範の総体」とある。社会系教科は学習指導要領によると，「平和で民主的な国家及び社会の形成者に必要な公民としての資質・能力(の基礎)を育成する」ための教科とされる。私たちが社会を形成するということは，他者とともに生活していくということであり，そのためには規範，すなわち判断・行為の拠るべき規準が重要な役割をもつ。それぞれがどんな判断・行為をしてもよいということでは社会を形成するのは難しい。社会系教科において，道徳に関する面での学習者の成長が関心事になるのは，それほどおかしなことではない。

　問題は，それがどのような形で行われるかである。民主主義社会における規範とは，特定の誰かが決めることができるものではないし，普遍のものでもない。教育の中で善悪・正邪について特定の決まった考えをもたせ，学習者の判断・行為を同質のものにして1つの社会を作っていくような形にはできない。民主主義社会の形成に寄与しようとする教育は，社会の構成員が相互に了解可能な判断・行為の規準の追求を，特定の考えの強制によらない形でどうすれば促進できるか，という難しい課題をその内部にもっている。

2．戦後学校教育変革における社会系教科と道徳教育

　これは，まさに戦後の学校教育変革において社会系教科が取り組むことになった大きな課題である。戦前の学校における道徳教育は「修身」という教科が中心となって行われていた。「修身」は，特定の社会である程度通用してきた判断・行為の規準の存在を学習者に伝達する教科であった。明治初期に始まった「修身」で教えられていたものは時期によって違いがあり，西洋

的な規範や儒教的な規範が教えられた時期もあったが，時間とともに内容の限定化・方法の固定化が進んでいった。最終的には国家によって全体主義，軍国主義の判断・行為の規準を一方的に注入する手段になっていたことが知られている。このような特定の考えを伝達する「修身」は，戦後廃止された。社会の在り方が大きく変わり，民主主義を掲げるようになった日本では，個人が自ら考えていくことを重視しようということになったのである。

　そして1947年版の学習指導要領（試案）において，「社会生活についての良識と性格とを養うこと」を目的として「社会科」という新しい教科が設けられることになり，「これまでの修身・公民・地理・歴史などの教科の内容を融合して，一体として」学ぶとされた。その教育アプローチは，学習者の直面する生活の問題を取り上げ，その解決に取り組ませるというものであり，教科の内容は，問題解決のプロセスと結び付けて自ら探究することが目指された。「修身」の内容であった判断や行為の規準も，問題の解決過程として学習者が社会に関わる経験とその内省を豊かにしていくことの中で発見，吟味していくことが重要だと考えられた。

　しかし，それほど時を待たず，このような社会系教科と道徳教育との関係には否定的な意見も見られるようになっていく。1つは，結果として伝統的な規範が十分に共有されないという意見。確かに規範について自ら考えていくことも重要だが，伝統的な規範にはそれそのもので意義があり，学校教育がその共有を保証しないことによる問題が生じているという主張である。もう1つは，社会系教科として期待される知識獲得が十分になされないという意見。学習者が判断・行為を行うことは重要だが，それ以前に知識を広くもつことも重要であり，社会系教科では系統的に整理された知識の獲得を優先すべきだという主張である。実際，1958年には小・中学校で教科の外に「道徳の時間」が用意されるようになる一方で，「社会科」の内容設定は系統的な社会の理解を重視する色を強めていき，一体となっていた社会系教科と道徳教育は教育課程上，分断の方向に進むことになった。

3．社会系教科が形成する共同体意識と道徳

　規範の直接の取り扱いが社会系教科から切り離されたとしても，判断・行為の規準は他者とともに生活していく中で問題になる以上，社会系教科はその追求と無関係ではいられない。とくに判断・行為の規準を実際に意味あるものにしたり，真剣に検討されるものにしたりする共同体意識を作り出すことと密接に関わっている。例えば，この社会はどのような努力を経て作られたのか，どのように種々のものが分布しているのか，様々なシステムはどう機能しているのか，を知ることで自分たちが包含されている社会が意識されていく。同時に学習者と学習内容の関係付けに使用される"わたし"や"わたしたち"という主語によって，学習者はある社会の中に位置付けられ，その社会の一員であることを意識していく。

　規範は"われわれ"という共同体意識があり，自分にとって重要だと感じられる関係の範囲において意味をなす。そこで共に生きているから判断や行為の規準を共有する意味がある。関係をもつ人々の間でバラバラな判断や行為が問題になったとしても，"われわれ"にとって問題だという感覚がなければ，その規準が真剣に検討されることはない。現代の多元的な民主主義社会では，自分の帰属する共同体が共有する判断や行為の規準にひとまず依りながらも，多層的な共同体の存在が異なった考えとの間に関係を作り出したり相互に変化をもたらしたりすることで，それまで依りどころになっていた判断や行為の規準は本当にみんなが了解可能かどうか再吟味されていく。このように考えると，社会系教科が学習者と共同体を関係付ける在り方は，他者と共に生きるための判断や行為の規準を追求することを実際に行う場がいかに豊かなものになるかを左右するのである。

　とはいえ実際には，社会系教科は学習者を身近な地域と国という特定の共同体にひとまず帰属させることにフォーカスしがちである。古くは1951年版の学習指導要領「中学校日本史」の特殊目標において「郷土および国に対して深い愛情と尊敬をもつ」とされたところから，現時点で最新の学習指導要領に至るまで，地域や国に対する愛情や自覚といった共同体意識を高める

ことが，何かしらの形で社会系教科の目標に含まれ続けている。

4．これからの社会系教科と道徳教育

　これからの社会系教科と道徳の関係はどうなっていくのだろうか。特別の教科として「道徳科」が作られるに至り，学校における道徳教育は独立した領域を確保する方向へとさらに進んでいる。規範が有効に機能していないように思える社会に対する不満があり，学校教育において規範を直接的に取り扱う課程をもっと確保すべきだという意見が存在し続けているのである。一方，戦前のような特定の考えの教え込みへ回帰するのではないかという警戒心をもった意見も存在する。そのため，「道徳科」では，「考え・議論する道徳」として，規範の伝達ではなくその発見・吟味をすることを目指すとされている。その場合，社会科教育との関係はより重要なものになる。

　先に言及したように，社会系教科がその形成に強い影響を与える共同体意識は，他者と共に生きるための判断や行為の規準の追求をより開かれたものにすることと深く関わっている。独立した領域において直接的に取り扱われる規範は，多様な人間がいながらも多様な協同状況があることを前提とした民主主義社会を取り扱う社会系教科の中で，私たちが実際に社会で生きるために相互に注意を払って吟味されるべき判断・行為の規準として意識されるようにしていく必要があるだろう。社会系教科には，これまで地域や国という限定的な枠組みでのみ強調されてきた共同体意識の形成を，より流動的になっている複層的な共同体意識を念頭においたものへと発展させていくことが求められる。社会系教科にとって従来からの論点であるが，今後より重要なものとなっていくことが考えられる。

参考文献

松村明編（2006）『大辞林』(第3版)三省堂。

片上宗二ほか編（2011）『混迷の時代！ "社会科" はどこへ向かえばよいのか――激動の歴史から未来を模索する』明治図書出版。

藤原孝ほか編(2010)『シティズンシップ論の射程』日本経済評論社。

（福井　駿）

Q5　社会に開かれた教育課程のあり方について説明しなさい

1.「社会に開かれた教育課程」とは何か

　2017・2018年改訂の学習指導要領の基本的な考え方として重視されたことの1つが，「社会に開かれた教育課程」の実現である。この背景には，従来の知識・技能の習得を中心とする教育から，急速に変化する予測困難な時代に求められる資質・能力の育成へと教育観が転換され，教育の目標の重点が個の育成から，「よりよい社会を創る」ということへ大きく移行したことがある。このことは，2016（平成28）年12月に示された「中央教育審議会答申」の中で示されており，要約すると次のようになる。

○教育課程を通じて，子どもたちが変化の激しい社会を生きるために必要な資質・能力とは何かを明確にしたうえで，現実の社会との関わりの中で子どもたち一人一人が豊かな学びを実現していく

○学校が社会や世界と接点を持ちつつ，多様な人々とつながりを保ちながら学ぶことのできる，開かれた環境となることが不可欠であり，学校が社会や地域とのつながりを意識し，社会の中の学校であるためには，学校教育の中核となる教育課程もまた社会とのつながりを大切にする必要がある

○子どもたちが，身近な地域を含めた社会とのつながりの中で学び，自らの人生や社会をよりよく変えていくことができるという実感を持つこと

○これからの教育課程には，社会の変化に目を向け，教育が普遍的に目指す根幹を堅持しつつ，社会の変化を柔軟に受け止めていく「社会に開かれた教育課程」としての役割が期待されている

　下線部のようなことは，従来の学校教育においても決して見落とされていたわけではないが，学校の教育課程の設計や授業づくりは，基本的には学習指導要領や教科書にそって行われ，そこで示された内容を限られた時間内でいかに習得させていくかということに重点をおいてなされていた。子どもた

ちが，学校で身に付けた知識や能力を自分が生活する社会においてどのように活かすかということは，重要なことだが学校で直接議論されることは少なかったのではないか。「社会に開かれた教育課程」を実現するとは，学校の教育を社会に生きるために必要な資質・能力をベースとして構築することと，それを学校外の社会と共有し，社会とのつながりの中で実現していくことを意味している。文部科学省は，そのポイントを以下の3点に整理している。

①よりよい学校教育を通じてよりよい社会を創るという目標を，学校と社会とが共有していくこと。

②これからの社会を創り出していく子どもたちに求められる資質・能力とは何かを明確化し，学校教育で育成していくこと。

③地域社会と連携・協働しながら目指すべき学校教育を実現させること。

　これらを踏まえると，教師には，従来のように学校の中で子どもたちを指導し，学校を経営する能力だけではなく，自らもその一員として地域社会とつながりを持ち，地域社会の人々とともにそれを支える活動に参画しようとすることが期待されていると言えるだろう。

2.「社会に開かれた教育課程」を実現するための仕組み

　文部科学省が「社会に開かれた教育課程」を実現するための仕組みとして示しているものが，コミュニティ・スクールと地域学校協働活動である。これらを一体的に推進することで，「社会に開かれた教育課程」実現のためのPDCAサイクルを回していくことができると言われている。

　コミュニティ・スクールとは，学校運営協議会をおく学校である。文部科学省によると，学校運営協議会とは，学校運営に関する意見を教育委員会や校長に対して述べることができる組織であり，教育委員会が設置をする。それは，保護者代表や地域住民，さらには地域と学校との連絡調整を行うために教育委員会が委嘱する地域学校協働活動推進委員などから構成される。学校運営協議会を設置することで，教員だけではなく，地域住民や保護者等が学校運営に参画することができるようになり，いわゆる「熟議」を通して学校の教育目標などを地域と学校が共有できるようになると言われている。こ

の協議会は，複数校について1つ設置することも可能である。

　また，地域学校協働活動とは，地域の多様な人々の参画により地域と学校が連携・協働して行う活動である。参画する人々は保護者はもちろんのこと，高齢者，成人，学生など個人から，NPO，民間企業や大学をはじめとする団体・機関など多様である。そして，実際に行う活動も，学校の教育活動を支援するものから，まちづくりや地域の活動，家庭教育の支援など多様であるが，これらは，社会教育の1つとして行われているものである。このように考えると，地域学校協働活動は，地域と学校をつなぐものであり，また，学校教育と社会教育の連携によって実現するものであると言えるだろう。

　文部科学省は，この「社会に開かれた教育課程」の具体例として岩手県大槌町と山口県周防大島町を取り上げている。東日本大震災で大きな被害を受けた大槌町では，故郷の将来を担う人材育成を目指してコミュニティ・スクールを導入し，学校運営協議会での熟議を通して，子ども達が郷土への誇りを持つことができるように小中9年間の「ふるさと科」を設置した。また，人口減少が進む周防大島町では，地域コミュニティの維持のため，まち唯一の県立高校である周防大島高校でキャリア意識や地域への愛着を高める教育を実践しようとした。そして，コミュニティ・スクールを導入し，島を学びの現場とする「島・学・人プロジェクト」に取り組んだということである。

　このように「社会に開かれた教育課程」の実現のためには，学校の仕組み自体を見直すこと，そして，新しい仕組みの中で教育を展開するために教員の意識も変えていくことが必要であると言える。

3.「社会に開かれた教育課程」の実現のための実践

　先に取り上げた中央教育審議会答申においては，「社会に開かれた教育課程」の実現を目指して，学習指導要領に，学校，家庭，地域の関係者が幅広く共有し活用できる「学びの地図」としての役割を果たすことが求められている。そして，各学校において教育課程を軸に学校教育の改善・充実を図ることが「カリキュラム・マネジメント」として求められるようになった。「カリキュラム・マネジメント」がことさら強調されるようになったのは，これ

までの学校が，教育課程を実施するにあたって，特に目標や内容は基本的には学習指導要領に基づき，それにそって設定されていたのに対して，既存の教科の枠組みを絶対視せず，児童・生徒や学校，地域の実態に応じて教科等横断的な視点も取り入れながら教育内容を学校が独自に組み立て，実践し改善していくことが一層強く求められるようになったからである。したがって，「社会に開かれた教育課程」を実現するうえでは，各学校における「カリキュラム・マネジメント」の推進が不可欠であると言えるだろう。

　ところで，社会科は，教科の中でも最も地域社会とのつながりが強く，「社会に開かれた教育課程」を実現するうえで，中核となるものであると言える。これまでも，小学校社会科においては地域の学習が１つの柱になっていたし，中学校社会科や高等学校公民科においても，先進的なところでは，社会参画がキーワードとなって教室の中にとどまらない学習が展開されていた。井上昌善は，中学校社会科地理的分野の「身近な地域の調査」の学習で，地域の防災計画について考えさせる授業を開発・実践した（井上，2019）。井上実践では，地域のフィールドワークを通して地域の防災計画の課題を発見し，その中でも特に防災倉庫の設置条件や場所に関する疑問を追究し，防災倉庫設置のあり方を見直し提案を行っていた。生徒が，地域の一員として防災という地域課題の解決に主体的に取り組み，議論を通して解決策を考えることで現実の社会との関わりの中で考えたり，判断したりする力を身に付けられる学習になっていた。しかし，学校全体の「社会に開かれた教育課程」の実現という観点から考えると，このような授業を展開するうえで地域社会のどのような人々と，どのような形の連携を行ったかということが重要になってくる。「社会に開かれた教育課程」実現のため，社会科の授業を地域社会に対してどこまで，どのように開いていくかということが今後の課題となろう。

参考文献・URL

井上昌善（2018）「「同意の調達」を目指す議論をとり入れた社会科授業構
　　　　成——中学校社会科地理的分野小単元「伊川防災プロジェクト」

を事例として」『社会系教科教育学研究』第30号，pp.127-136。

文部科学省　https://www.mext.go.jp/a_menu/shotou/new-cs/1383986.htm#section9（2020年4月30日閲覧）。

（桑原敏典）

Q6 関連した諸学問との関係について説明しなさい

1．社会系教科に関連する学問

　中等社会系教科に関連する学問は何かと問われれば，大きくは社会科学と人文科学（人文学）の二領域に含まれる，人間や人間がつくる社会を研究の対象として扱う諸学問であるということになるであろう。もちろん，学問の分類は，その目的や対象によるか，あるいは方法論によるかで異なってくるものであり，細かい点では多様な考え方が存在する。ただ，理科という教科が自然を対象としてその法則性を明らかにすることを目的とする自然科学を関連学問としていることと比べて考えてみれば，人間やその社会を対象とする社会科学や人文科学（人文学）が社会系教科に関連する学問であるということで一定の了解は得られるだろう。

　社会科学の代表的な学問としては政治学，法学，経済学，社会学などが，人文科学（人文学）の代表的な学問としては歴史学，地理学，哲学，倫理学などが挙げられ，それらの研究方法論や研究成果などは，社会系教科の内容として広く取り入れられている。

2．社会系教科と諸学問との関係をどのようなものと考えるか

　では，社会系教科とそれら諸学問とは，どのような関係にあると考えれば良いのであろうか。実は，教科と学問との関係を検討することは，その教科の本質を考える上で大変重要である。教科と学問とがどのような関係になっているのが望ましいのかということが，その教科が何のために学校教育に存在し，どのようなことを目的としているのかということと深く関わるからである。以下，いくつかに分けて考えてみよう。

（1）学問の成果の習得を教科の目的とする考え方

　一つ目の考え方は，諸学問の研究成果を教えて習得させることが教科の目的であり役割であるというものである。これは，教科の前提として学問があ

るという捉え方であり，学問の成果を教えるために教科が存在するという考え方である。この考え方に基づけば，学問の成果の中で重要なものが教科の内容として選択され，それらをいかに身につけさせるかが教科の授業の役割となる。

（2）学問の研究方法を身につけることを教科の目的とする考え方

　二つ目の考え方は，諸学問の研究方法を身につけて使えるようにすることが教科の目的であるというものである。これは，一つ目の考え方と同様，教科の前提として学問があるという捉え方であり，学問の研究方法を教えるために教科が存在するという考え方である。この考え方に基づけば，学問の研究方法が教科の内容として選択され，それらをいかに身につけさせるかが教科の授業の役割となる。

（3）教科の目的を達成するために適切な学問の内容を扱うとする考え方

　三つ目の考え方は，学問とは別の所で教科の目的が設定され，その目的に準ずる形で諸学問が扱われるというものである。学問とは別の所に社会系教科の目的があるということであれば，社会系教科でその学問を扱うことについて，何らかの説明が必要になってくる。先の2つの考え方であれば，社会系教科が社会科学や人文科学（人文学）を扱うことは，ある意味で当然のことと考えられていたのかもしれないが，この考え方に基づけば，その学問を扱うことの理由を，教科の目的に基づいて説明ができないといけないということになる。

　さらには，そのような説明をしようとすると，それら学問がどのようなものを対象とし，どのようなことをどのような方法によって明らかにしようとしているものなのかということについても，あらためて検討することが必要になってくる。その学問の研究成果や研究方法を教科の内容として取り入れるとしても，それらを取り入れることが教科の目的を達成するためにどのように関わり，どのように貢献するのかということについての説明が求められることになる。諸学問の特質を改めて理解し，諸学問の内容をなぜこの教科で扱うのかということを教科の目的に照らして検討を加えながら，社会系教科の授業を考えていくことになる。

3．社会系教科における諸学問の位置づけとその役割

　以上，3つの考え方を示したが，社会系教科と諸学問との関係は，どのように考えればよいのであろうか。それは，社会系教科の目的によって決まる。社会系教科の目的は，民主主義社会を形成する市民としての資質・能力の育成である。したがって，社会系教科と諸学問との関係は，先に述べたものの三つ目の考え方であるということになる。市民としての資質・能力の育成に資するものとして選択された学問の研究成果や研究方法が学習に盛り込まれ，それらを身につけることで資質・能力の向上が図られることとなる。また，学問とは直接関係がないものであっても，市民としての資質・能力の育成につながるものであるならば，それらも授業に取り入れられることになる。

　社会系教科は，民主主義社会を形成する市民を育成する教科であり，市民としての資質・能力の育成に資するということにおいて，関連する社会科学や人文科学（人文学）の諸学問から取り入れた内容を全ての生徒が学習する意義を見いだすことができるようになるのである。

参考文献

伊東亮三（1961）「社会諸科学と社会科教育」『社会科教育論叢』6，7，8，pp.45-49。

川口広美（2020）「社会科とはどのような教科か」日本教科教育学会編『教科とその本質』教育出版，pp.86-91。

渡部竜也（2019）『Doing History：歴史で私たちは何ができるか？』清水書院。

（吉村功太郎）

第**3**章
中等社会系教科における「見方・考え方」と学習指導法

▌Q1　中等社会系教科における「見方・考え方」について説明しなさい

1. 中等社会系教科における「見方・考え方」とは

　2017（平成29）年・2018（平成30）年改訂の学習指導要領における1つの重要なキーワードは，各教科等に示された「見方・考え方」である。小中高の社会系教科における「見方・考え方」は，「社会的な見方・考え方」である。
　「社会的な見方・考え方」については，中学校社会科，高等学校地理歴史科，公民科の学習指導要領解説でも共通した説明がなされており，それは「社会的事象等の意味や意義，特色や相互の関連を考察したり，社会に見られる課題を把握して，その解決に向けて構想したりする際の『視点や方法（考え方）』」を意味している。この「社会的な見方・考え方」は，社会系教科全体を通じた「見方・考え方」の総称とされている。
　では，何が総称されているのだろうか。社会系教科は対象とする領域が幅広く，領域特有の視点や方法も存在する。それゆえに，「社会的な見方・考え方」の構成要素として，分野・科目の特質に応じた「見方・考え方」が設定されている。中等社会系教科の「見方・考え方」に関する記述を，学習指導要領解説より抽出して示すと，表3-1-1のようになる。
　それぞれの文章には，社会的事象等にアプローチする際に，分野・科目ご

表3-1-1　中等社会系教科の「見方・考え方」

中学校	高等学校
社会的事象の地理的な見方・考え方 （地理的分野） 「社会的事象を，位置や空間的な広がりに着目して捉え，地域の環境条件や地域間の結び付きなどの地域という枠組みの中で，人間の営みと関連付けること」	社会的事象の地理的な見方・考え方 （地理総合，地理探究） 「社会的事象を，位置や空間的な広がりに着目して捉え，地域の環境条件や地域間の結び付きなどの地域という枠組みの中で，人間の営みと関連付けること」
社会的事象の歴史的な見方・考え方 （歴史的分野） 「社会的事象を，時期，推移などに着目して捉え，類似や差異などを明確にし，事象同士を因果関係などで関連付けること」	社会的事象の歴史的な見方・考え方 （歴史総合，日本史探究，世界史探究） 「社会的事象を，時期，推移などに着目して捉え，類似や差異などを明確にし，事象同士を因果関係などで関連付け」て働かせる際の「視点や方法（考え方）」
現代社会の見方・考え方 （公民的分野） 「社会的事象を，政治，法，経済などに関わる多様な視点（概念や理論など）に着目して捉え，よりよい社会の構築に向けて，課題解決のための選択・判断に資する概念や理論などと関連付けること」	人間と社会の在り方についての見方・考え方 （公共） 「社会的事象等を，倫理，政治，法，経済などに関わる多様な視点（概念や理論など）に着目して捉え，よりよい社会の構築や人間としての在り方生き方についての自覚を深めることに向けて，課題解決のための選択・判断に資する概念や理論などと関連付けること」
	人間としての在り方生き方についての見方・考え方 （倫理） 「社会的事象等を倫理，哲学，宗教などに関わる多様な視点（概念や理論など）に着目して捉え，人間としての在り方生き方についての自覚を深めることに向けて，課題解決のための選択・判断に資する概念や理論などと関連付けること」
	社会の在り方についての見方・考え方 （政治・経済） 「社会的事象等を，倫理，政治，法，経済などに関わる多様な視点（概念や理論など）に着目して捉え，よりよい社会の構築に向けて，課題解決のための選択・判断に資する概念や理論などと関連付けること」

（中学校，高等学校の学習指導要領解説より関係箇所を抽出して筆者作成）

とに何に着目すればよいのか，何と（あるいは，何で）関連付けて考えれば
よいのかが記されている。歴史の学習であれば「時期，推移など」に着目す
るというように，分野・科目に適した視点や方法（考え方）が示されている。

２．なぜ「見方・考え方」を働かせるのか

　「見方・考え方」は，「働かせる」ものであるとされている。それはどのよ
うなことを意味するのだろうか。それにどのような意義があるのだろうか。
　１つの例として，中学校歴史的分野の「社会的事象の歴史的な見方・考え
方」を取り上げてみよう。学習指導要領解説は，「社会的事象の歴史的な見
方・考え方」を働かせることについて，「時代の転換の様子や各時代の特色を
考察したり，歴史に見られる諸課題について複数の立場や意見を踏まえて選
択・判断したりするということであり，また，それを用いることによって生
徒が獲得する知識の概念化を促し，理解を一層深めたり，課題を主体的に解
決しようとする態度などにも作用したりするということである」と説明して
いる。
　ここでは歴史的分野を例にしているが，概ね共通しているのは，「見方・考
え方」を活用して対象に迫ることで，思考や選択・判断を活性化させ，知識
の概念化を促し，課題を主体的に解決しようとする態度を育てることが期待
されていることである。同時に，「見方・考え方」そのものも鍛えられていく
ことが想定されている。「見方・考え方」を働かせることは，資質・能力全体
の育成に関わる中核的な活動として位置付けられている。

３．分野・科目ごとの「見方・考え方」を働かせるだけで「深い学び」が成立するか

　ここまでで見てきたように，中等社会系教科では，「社会的な見方・考え
方」という総称のもとに，分野・科目の特質に応じて働かせるべき「見方・考
え方」が個別に設定されている。このことは，社会的事象等への向き合い方
を明確にしている一方で，各領域の境界線や独自性を強調しているようにも
見える。しかし，考えてみたい。地歴公のそれぞれの学習で，分野・科目ご

とに示された「見方・考え方」を働かせることは重要であるが，それだけで「深い学び」が成立するだろうか。

　例えば，歴史の学習で，江戸時代の都市や交通路の発達を主題として授業を実践するとしよう。なぜ三都が繁栄したのかを考えるために，時期や推移に着目して変化を分析することになる。けれども，その過程で不可欠なのは，生産や流通，消費といった経済に関わる視点だ。工業都市としての性格を持つ京都や，全国的な集散市場としての大坂，大消費市場としての江戸の関係を考察しなければ，理由に迫れない。また，位置や空間的な広がりに着目して地理的に探ることも重要だ。街道や海運がどのように整備され，それが都市の発達とどう関係しているのかを考察することで，理解は深まるだろう。

　地理の学習で人口から日本の特色を見るにしても，なぜ都市へ人が移動するのか，それは都市と地方にどのような問題を生じさせているか，今後どうあるべきかを考えるためには，地理的な視点のみならず，賃金や雇用に関わる経済その他の視点が欠かせない。時期や推移に着目して都市と地方の人口の動向を歴史的に読み取ることも必要だろう。

　公民の学習でも同様だ。日本の社会保障制度の課題と今後の展望を考えるためには，空間を軸に外国と比較する視点や，時間を軸に日本がどのような社会保障制度を構築してきたのかを分析する視点が重要となる。

　これらの例が意味するのは，分野・科目ごとに示された「見方・考え方」を基盤にしつつも，その分野・科目をこえた「見方・考え方」を総合的に働かせることの大切さだ。他領域の「見方・考え方」の活用を意識してカリキュラムや授業を構想し，様々な視点と方法を駆使して社会を総合的に読み解くことが，社会系教科にとって重要ではないだろうか。

4. 「見方・考え方」を働かせることで具体的にどのような資質・能力が育成されるのか

　最後に，「見方・考え方」を働かせることによって育成される資質・能力の具体像を整理しておこう。特にここでは，「見方・考え方」の総合的な活用が，どのような資質・能力の育成につながるのかを考えておきたい。

　第1は，社会認識の質的・量的な成長である。先の歴史学習の例では，江戸時代における三都の発達の理由を時期や推移に着目して解明することがめざされる。この学習の過程で，経済的・地理的な「見方・考え方」の活用を意識することで，生徒の視野を広げるとともに，生産・流通・消費を軸とする都市成長の概念的な理解を促すこともできる。経済や地理そのものの学習ではないので，厳密に理論化された知識を習得させるわけではないが，このような視点に基づく学習が，都市の成長について自立して考えていくための知的基盤を形成させることにつながるだろう。社会保障を公民で学習するにしても，地理的な視点と歴史的な視点を組み合わせることで，様々な地域や時代の具体的な事実をもとに社会保障概念の形成を促すことが可能になろう。さらには，それらの視点を踏まえて，今後どうあるべきかを構想することで，生徒自身の価値観も成長させることができると考えられる。

　第2は，主体的かつ批判的に思考する態度の成長である。先の歴史学習の例で考えよう。三都の発達の理由を，時期や推移に着目しつつ，まずは経済的な視点から探ったとする。しかし，それだけでは十分な理由の解明にはならない。他の要素はないだろうかと問い，位置や空間的な広がりに着目して交通のネットワークを考察し，関連付けることで，さらに学びが深まっていく。様々な領域の「見方・考え方」を駆使する学習を積み重ねることで，「それだけだろうか？」「それでよいのだろうか？」「他にも考えられるのでは？」という思考を促し，問い続ける習慣を育むことができるのではないだろうか。そうした態度が，知的に社会に向き合い，関わっていくための基盤になるものと考えられる。

　なお，以上のような認識や態度を育成する学習の過程で，様々な技能や思考力・判断力・表現力等が鍛えられることも想定されよう。

　「見方・考え方」を総合的に働かせる学習を通して，事実や概念，価値観を絶えず問い，探っていく，自立した民主主義社会の形成者を育成したい。

参考文献

文部科学省（2018）『中学校学習指導要領（平成29年告示）解説　社会編』

東洋館出版社。

文部科学省（2019）『高等学校学習指導要領（平成30年告示）解説　地理歴史編』東洋館出版社。

文部科学省（2019）『高等学校学習指導要領（平成30年告示）解説　公民編』東京書籍。

奈須正裕（2017）『「資質・能力」と学びのメカニズム』東洋館出版社。

鈴木浩三（2019）『地図で読みとく江戸・東京の「地形と経済」のしくみ』日本実業出版社。

（山田秀和）

Q2　地理的な見方・考え方の視点と方法について説明しなさい

1．学習指導要領における地理的見方・考え方の変遷

　社会科教育において「見方・考え方」という語は，以前から使われ，多様な解釈がなされてきた。原田智仁（2018）が整理しているように，「見方・考え方」は，「見方・考え方」を一体とするもの，「見方」と「考え方」を分けるもの，内容的見方・考え方と方法的見方・考え方とするものなど，その解釈は多様である。しかし，2017（平成29）年改訂の中学校学習指導要領では，全ての教科・科目の目標に「見方・考え方」という語が用いられ，「見方・考え方」は，「各教科・科目等の特質に応じた物事を捉える視点や考え方」（総則第3，1（1））とされた。2018年に改訂された高等学校においても同様である（以下，中学校学習指導要領を中心に述べる）。

　これに合わせて，地理的な見方・考え方という語も，2017年版学習指導要領社会科地理的分野（以下，平成29年版）の目標において，記述の変更がなされた。これまでは「地理的な見方や考え方の基礎を培う」とされてきたが，平成29年版では「社会的事象の地理的な見方・考え方を働かせ」となった。「培う」ものから「働かせ」るものへの変更である。そして，地理的な見方・考え方の具体的内容も変更された。地理的な見方・考え方の内容は，これまでも改訂の度に幾度となく変更されてきた。地理的な見方・考え方の平成元年版以降の変遷の概略を示したものが表3-2-1である。

　先に述べたように，地理的な見方・考え方は，平成29年版から目標において培うものから働かせるものへと変更された。しかし，定義は，平成10年版に示されてから基本的には変更されていない。目標における位置づけが変わったにも関わらず，定義が変わっていないのはなぜか。そもそも地理的な見方・考え方は，社会的諸事象の関係を説明する一般的な知識，いわゆる理論的な知識（概念）といった習得すべき知識を意味したものではなく，社会

表3-2-1　地理的見方・考え方の変遷

	平成元年版	平成10年版	平成20年版	平成29年版
目標記述	「地理的な見方や考え方の基礎を培う」			「社会的事象の地理的な見方・考え方を働かせ」
見方・考え方の定義	—	地理的な見方とは，日本や世界に見られる諸事象を位置や空間的な広がりとの関わりで地理的事象として見いだすこと。地理的な考え方とは，それらの事象を地域という枠組みの中で考察する（追究し，とらえる）こと。		
見方・考え方の具体的内容	①〜⑦の7つ（※1）	①〜②が地理的な見方，③〜⑤が地理的な考え方（※2）		位置や分布，場所，人間と自然環境との相互依存関係，空間的相互依存作用，地域

※1…『中学校指導書社会編』文部省，1989年参照。
※2…『中学校学習指導要領（平成10年12月）解説—社会編—』文部科学省，1999年，『中学校学習指導要領解説社会編』文部科学省，2008年参照。

（筆者作成）

的諸事象を見いだし，追究する視点と方法とされてきたからである。

　平成29年版の地理的見方・考え方は，平成20年版を引きつぎ，次のように定義されている。

○「地理的な見方」の基本

　どこに，どのようなものが，どのように広がっているのか，諸事象を位置や空間的な広がりとのかかわりでとらえ，地理的事象として見いだすこと。また，そうした地理的事象にはどのような空間的な規則性や傾向性がみられるのか，地理的事象を距離や空間的な配置に留意してとらえること。

○「地理的な考え方」の基本

　そうした地理的事象がなぜそこでそのようにみられるのか，また，なぜそのように分布したり移り変わったりするのか，地理的事象やその空間的な配置，秩序などを成り立たせている背景や要因を，地域という枠組みの中で，地域の環境条件や他地域との結び付きなどと人間の営みとのかかわりに着目して追究し，とらえること。

　これらを，大胆に一言で言うと，地理的見方は，地理的事象を見いだし，とらえること。地理的考え方は，その背景や要因を追究し，とらえること，と言えるだろう。

２．５つの地理的見方・考え方と問い

　地理的な見方・考え方の具体的な内容は，平成元年版では７つ，平成10・20年版では２つの地理的な見方と３つの地理的な考え方が示されていた。平成29年版では，これらを継承しつつ，地理教育国際憲章（1992年）の５大テーマに基づいて，位置や分布，場所，人間と自然環境との相互依存関係，空間的相互依存作用，地域の５つに整理された。地理的な見方・考え方の定義が基本的に変更されていないのに，その具体的内容が変わったのはなぜか。それは，働かせる見方・考え方として視点と方法をより明確にし，強調する意味があったからである。そのため，『中学校学習指導要領（平成29年告示）解説社会編』（以下，『解説』）では，５つの視点から地理的事象を見いだし追究する方法として，それぞれの視点に基づいた「問い」が示されている。それぞれの視点と関係する主な「問い」は，次のように示されている。

　　㋐位置と分布
　　「それはどこに位置するのか，それはどのように分布するのか」
　　㋑場所
　　「それはどのような場所なのか」
　　㋒人間と自然環境との相互依存関係
　　「そこでの生活は，周囲の自然環境からどのような影響を受けているか」（「なぜそのような影響を受けているのか」），「そこでの生活は，周囲の自然環境にどのような影響を与えているか」（「なぜそのような影響を与えているのか」）
　　㋓空間的相互依存作用
　　「そこは，それ以外の場所とどのような関係をもっているのか」，「なぜ，そのような結び付きをしているのか」
　　㋔地域
　　「その地域は，どのような特徴があるのか」，「この地域と他の地域ではどこが異なっているのか」「なぜ，ここ（この地域）はそのようになったのか」「どのような地域にすべきか」

3．地理的見方・考え方と問いと知識の関係

　地理的な見方・考え方の５つの視点とそれらに基づいた「問い」を働かせることによって，どのような知識が習得されるか。それを示したものが，図3-2-1である。

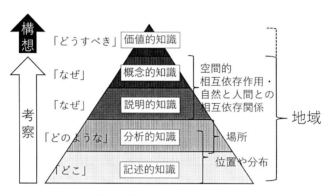

図3-2-1　地理的見方・考え方と問いと知識の関係

　このように，地理的な見方・考え方と５つの視点と問いと知識を関係づけると，「位置や分布」，「場所」が「どこ」「どのような」と地理的事象を見いだす地理的な見方であり，「人間と自然環境との相互依存関係」，「空間的相互依存作用」，「地域」が主に「なぜ」と追究し地域をとらえ，「どうすべき」と探究していく地理的な考え方であると言える。そして，地理的な見方によって記述的知識，分析的知識を，地理的な考え方によって説明的知識，概念的知識，さらには価値的知識を考察，構想していくものと言える。

参考文献

原田智仁（2018）『中学校　新学習指導要領　社会の授業づくり』明治図
　　　書出版。

（中本和彦）

Q3　歴史的な見方・考え方の視点と方法について説明しなさい

　2017・2018年改訂学習指導要領では，従来，全体像が不明瞭であった「見方・考え方」が教科ごとに明示されている。ここでは，学習指導要領における「見方・考え方」の位置づけを踏まえた上で，歴史的な見方・考え方を明らかにし，その視点と方法を具体的に示すことで，問いに応えていく。

1．2017・2018年改訂学習指導要領における「見方・考え方」の位置づけ

　今回の改訂では，育成を目指す資質・能力の明確化，「主体的・対話的で深い学び」の実現に向けた授業改善の推進，各学校におけるカリキュラム・マネジメントの推進が図られている。「知識・技能」，「思考力・判断力・表現力等」，「学びに向かう力・人間性等」という3つの柱からなる資質・能力は，従来の知識内容の理解を中心とした授業，さらには，1時間の授業で育成できるものではない。そのため，「主体的・対話的で深い学び」を実現する単元，学年，全学年を見通した授業改善と，改善した授業での資質・能力の定着を測る学習評価の充実が求められる。そして，授業改善の推進と学習評価の充実を保証するために，学習の効果の最大化を図るカリキュラム・マネジメントが不可欠となる。これらは相互に関連しあいながら，「社会に開かれた教育課程」の実現を目指す学習指導要領の基本的な枠組みとなっている。

　各教科等の特質に応じた「見方・考え方」は，資質・能力の育成や授業改善の推進と密接な関係にある。2016年12月の中央教育審議会答申には，「見方・考え方」が学びの過程で働くことで，資質・能力が更に伸展し，それにより「見方・考え方」が更に豊かになるという「見方・考え方」と資質・能力の相互関係や，「深い学び」の鍵としての「見方・考え方」が今後の授業改善に果たす重要性が明記されている。「見方・考え方」は，学習指導要領の基本的枠組みを機能させるために，重要な位置を占めているのである。

2．中等段階における歴史的な見方・考え方

2017年改訂中学校学習指導要領解説社会編で，「社会的な見方・考え方」は，「課題を追究したり解決したりする活動において，社会的事象等の意味や意義，特色や相互の関連を考察したり，社会に見られる課題を把握して，その解決に向けて構想したりする際の視点や方法」とされる。この定義を踏まえ，中学校歴史的分野，歴史総合における歴史的な見方・考え方を検討する（中学校歴史的分野との接続という観点から，歴史総合を取り上げる）。

中学校歴史的分野と歴史総合における社会的事象の歴史的な見方・考え方は共通で，「社会的事象を，時期，推移などに着目して捉え，類似や差異などを明確にし，事象同士を因果関係などで関連付けること」とし，考察，構想する際の「視点や方法（考え方）」と整理される。歴史的な見方・考え方は，課題を追究したり解決したりする活動で働く視点や方法としての「社会的な見方・考え方」を踏まえつつ，類似や差異を明確にするという比較，因果関係などでの関連付けという歴史学習の重要な原理から導かれている。

中学校歴史的分野と歴史総合では，時系列に関わる視点，諸事象の推移に関わる視点，諸事象の比較に関わる視点，事象相互のつながりに関わる視点に着目し，比較したり，関連させたりして歴史的事象を捉えるという方法が想定されている。これより，中学校から高等学校にかけて，類似する視点と方法による歴史の反復的な学習が図られていることが読み取れる。3つの柱からなる資質・能力の育成を保証するために，中学校歴史的分野と歴史総合では歴史的な見方・考え方を通した累積的な学習が設計されているのである。

3．中等段階における歴史的な「見方・考え方」の具体

中学校歴史的分野と歴史総合を比較し，この累積的な学習を具体的にみてみよう。中学校歴史的分野では，大項目「C　近現代の日本と世界」の中項目「(1) 近代の日本と世界」を取り上げる。この中項目では，例えば，「工業化の進展と政治や社会の変化」，「明治政府の諸改革の目的」などに着目して，「明治政府はどのような国づくりを目指したのだろうか」などの問いを

設定する。ここでは，欧米諸国における産業革命や市民革命による近代社会の成立とアジアへの進出，その進出と関連した明治の近代国家の形成という近代化に伴う変化とその影響を，政治・社会・文化といった諸側面の比較や関連付けを通して多面的・多角的に考察し，表現する。

　歴史総合では，大項目「B　近代化と私たち」の中項目「(3) 国民国家と明治維新」を取り上げる。この中項目では，例えば，18世紀後半以降の欧米の市民革命や国民統合の動向や大日本帝国憲法の制定などを基に，国民国家形成の背景や影響などに着目して，「欧米で生まれた国民国家は，なぜ日本をはじめ世界へ広がったのだろうか」といった問いを設定する。ここでは，政治改革の特徴，国民国家の特徴や社会の変容などを，欧米の市民革命や国民統合，日本の明治維新の動向を踏まえ，欧米諸国やアジア諸国との比較や関連付けを通して多面的・多角的に考察し，表現する。

　歴史的分野と歴史総合における学習の共通点は，3つの柱からなる資質・能力の育成を図る点，設定した問いに基づく比較や関連付けを通した主体的で対話的で深い学びがめざされる点である。相違点は，視点と方法のレベルである。歴史的分野は主に，工業化の進展と政治や社会の変化という推移に関わる視点，近代化前後での生活の相違という諸事象の比較に関わる視点に着目した近代化に伴う変化とその影響の比較や関連付けによる考察という方法を採る。そのため，欧米諸国と明治の近代国家との比較や関連付けも想定されてはいるものの，実質は明治の近代国家の形成とその影響を説明するという明治の近代国家の学習となっている。歴史総合は主に，国民国家間の比較やその相互のつながりに関わる視点に着目した国民国家の形成とその形成が可能にする国民統合，その現在にまで及ぶ影響の考察という方法を採る。そのため，明治の近代国家にとどまらない普遍的な国民国家概念の学習となっている。明治の近代国家に関わる個別的具体的な視点から国民国家概念に関わる概念的抽象的な視点，日本国内での近代化による政治や社会の変容といった比較や関連付けから欧米諸国やアジア諸国，さらには過去と現在の国民国家の比較や関連付けへという視点や方法の質的な発展がみられる。

　この質的発展から，歴史的分野と歴史総合における累積的な学習が窺え

る。歴史総合の学習は歴史的分野の学習なしには成立しえない。累積的な学習を支えるのが，歴史的な見方・考え方である。歴史的分野，歴史総合では同様の歴史学習の原理から導かれた視点，方法に基づいて学習がなされている。この視点と方法が歴史的分野と歴史総合を貫くことで，視点から導かれた問いに基づく多面的・多角的な考察（方法）という主体的・対話的で深い学びがなされ，資質・能力の累積的な育成が図られているのである。

　以上から，問いに答えることが可能となる。歴史的な見方・考え方の視点と方法とは，課題の考察や解決といった生徒の探究からなる歴史学習の軸をなすものである。歴史的な見方・考え方は，2017・2018年改訂学習指導要領における「見方・考え方」の位置づけを踏まえ，育成を目指す資質・能力の明確化，「主体的・対話的で深い学び」の実現に向けた授業改善の推進を実現する上で中核的な機能を果たすことが期待される。中等段階の教育現場では，歴史的分野と歴史総合を接続した累積的な学習を想定した上で，歴史的な見方・考え方に基づいた各単元の主体的・対話的で深い学び，そこで育成する資質・能力とその評価を一貫して構想することが求められているのである。

参考文献

小田中直樹（2007）『世界史の教室から』山川出版社。
文部科学省（2018）『中学校学習指導要領解説　社会編』東洋館出版社。
文部科学省（2019）『高等学校学習指導要領解説　地理歴史編』東洋館出版社。
文部科学省　https://www.mext.go.jp（2020年3月30日閲覧）。

（宇都宮明子）

Q4　現代社会の見方・考え方の視点と方法について説明しなさい

1．学習指導要領における「現代社会の見方・考え方」

　「現代社会の見方・考え方」は，2017（平成29）年改訂中学校学習指導要領社会の公民的分野の目標冒頭にある文言である。公民的分野では，「現代社会の見方・考え方を働かせ，課題を追究したり解決したりする活動」が求められている。

　現代社会の見方・考え方については，学習指導要領解説にある程度詳しい記述があり，まずはその確認をしたい。その記述が見られるのは，「改訂の要点」，そして公民的分野の目標の柱書の解説，目標の（2）「思考力，判断力，表現力等」に関わるねらいの解説などである。次に，柱書の解説にある六段落の各要点，（2）の解説一段落の要点を示す。

> 　現代社会の見方・考え方とは「社会的事象を政治，法，経済などに関わる多様な視点（概念や理論など）に着目して捉え，よりよい社会の構築に向けて，課題解決のための選択・判断に資する概念や理論などと関連付けること」で，考察，構想する際の「視点や方法（考え方）」である。
> 　2008年改訂指導要領にある「現代社会についての見方や考え方の基礎」における「見方や考え方」とは，現代社会を読み解くときの概念的枠組みである。
> 　2017年改訂では，概念的な枠組みとしての性格がより明確になった。
> 　対立と合意，効率と公正などの概念的な枠組みを「視点や方法（考え方）」として用いて事象を捉え，考察，構想に向かうことが大切である。
> 　主体的・対話的で深い学びの実現には，課題追究のための枠組みとなる多様な視点（概念など）に着目させる必要がある。

> 　現代社会の見方・考え方を働かせることは公民的分野の学習の特質で，考察，構想や表現に加え，新たな概念獲得や課題解決への態度形成にも作用する。

> 　「対立と合意，効率と公正など」は分野の学習全体で働かせ，さらに大項目「B　私たちと経済」，「C　私たちと政治」，「D　私たちと国際社会の諸課題」ではそれぞれ「分業と交換，希少性など」，「個人の尊厳と法の支配，民主主義など」，「協調，持続可能性など」の概念を働かせる。

　以上より現代社会の見方・考え方は，①政治，法，経済に関わる視点から事象を捉え，考察，構想する際に働かせるもの，②現代社会を捉える概念的な枠組みで，枠組みの基礎として「対立と合意，効率と公正など」があり，大項目ごとにも基本概念があること，③分野の学習全体に関わり，様々な資質・能力の育成に広く作用するものであることが分かる。

2．三分野の見方・考え方から考える「現代社会の見方・考え方」の難しさ

　三分野の見方・考え方は，指導要領解説では次のように述べられている。

> (地)「社会的事象を，位置や空間的な広がりに着目して捉え，地域の環境条件や地域間の結び付きなどの地域という枠組みの中で，人間の営みと関連付けること」【1】

> (歴)「社会的事象を，時期，推移などに着目して捉え，類似や差異などを明確にし，事象同士を因果関係で関連付けること」【2】

> (公)「社会的事象を政治，法，経済などに関わる多様な視点（概念や理論など）に着目して捉え，よりよい社会の構築に向けて，課題解決のための選択・判断に資する概念や理論などと関連付けること」【3】

三分野を通して見た時，公民的分野の現代社会の見方・考え方は，他分野（地歴）の見方・考え方と比べ，授業での問いをイメージしにくい。理由とし

て2つが考えられる。1つ目は，見方・考え方で示される視点・概念の性格の違い，2つ目は，視点と方法（考え方）の記述の仕方の違いである。

　1つ目について，地歴では「位置」や「時期」など，学び方についての視点・概念が示され，問い（「どこ」や「いつ」など）を生み出しやすい。

　一方，現代社会の見方・考え方での「概念」は，「理論」と並べて示され，学習内容としての性格も強い。この点は分野共通の概念である「対立と合意，効率と公正」が，指導要領で内容の大項目Aに位置付けられ，知識目標になっていることからも分かる。学習内容として概念を捉えると，学び方は見えづらく，問いをイメージしにくくなる。「個人の尊厳と法の支配，民主主義」といった大項目ごとの基本概念も「位置」や「時期」などより難しく感じられるものが多く，学習内容としての印象が強い。

　2つ目，視点と方法の記述について，ここでは視点は情報を知るためのもの，方法は知った情報をもとに考察，構想するためのものとしたい。地理的分野では，先の【1】の前半の記述で，地理的な視点に基づく位置等の情報を知るための問いが考えられる。後半では，地理的な方法に基づき環境的連関や空間的連関から考察，構想する問いが考えられる。三分野で最も具体的に方法が示されている。歴史的分野は【2】の前半で，歴史的な視点に基づく時期，推移等の情報を知るための問いが考えられる。後半は，他の事象と因果関係で関連付けて考察，構想する問いが，汎用性は高いが考えられる。

　一方，現代社会の見方・考え方の【3】を見ると，前半は情報を知るための視点だけでなく，考察の方法も含んだ記述として捉えられる。情報を得る視点と情報をもとに考察する方法との区別はなく，問いを生み出しにくい。後半は選択・判断（構想）が強調され，考察の方法はイメージしにくい。

　公民的分野の現代社会の見方・考え方が生み出す問いについて，中教審答申（2016年12月）の別添資料3-5を見ると，「なぜ市場経済という仕組みはあるのか，どのような機能があるのか」などが例示されている。これは地歴にあるような「それは，どこに位置するだろう」，「なぜおこったか」など多様な対象・事象に関して問うことができるものと異なり，「市場経済」に関する限定された問いである。また，地歴と異なり，情報を知るための視点に基

づく問い，考察の方法に基づく問い，両者の区別はせず，そして問いを組み合わせて授業が構成できる一連のものにもなっていない。

　以上の地歴との違いは，公民的分野が複数の学問体系を背景とし，さらに現代社会の諸課題がより重視されるという分野の特質に由来するのだろうが，現代社会の見方・考え方を分かりにくくしている。実際に授業開発をして深い学びを実現するためには，より具体的で踏み込んだ検討が必要だろう。

3．「現代社会の見方・考え方」から考えられる一連の問いの例

　ここでは現代社会の見方・考え方から考えられる視点に基づく問い，方法に基づく問い，これらを地歴と同じく区別できるようにして，授業での一連の問いの形で一例を示す。それにより，視点と方法を捉えやすくしたい。

　具体的には，情報を知り，記述するための問い（視点に基づく），知った情報について考察し，説明や理解するための問い（方法に基づく），考察で得た知識を生かし構想するための問い（方法に基づく），3つに分けて示す。表3-4-1に，三分野の見方・考え方から考えられる問いの例を3つに分けて示した。

表3-4-1　三分野の見方・考え方から考えられる問いの例

	視点に基づく問い　　　　　→　　　方法に基づく問い		
	情報レベルで事象や概念を知る：情報	知った情報等について考察する：知識	考察での知識を生かし構想する：知恵
（地）社会的事象の地理的な見方・考え方からの問い	・それはどこに位置するか（その場所に何があるか）	・環境的，空間的にみて，なぜそこにあるのか	・此所の環境（または他所）にどう働きかけるべきか
（歴）社会的事象の歴史的な見方・考え方からの問い	・それはいつ（どこで，誰によって）おこったか	・なぜおこったか ・どのような影響を及ぼしたか	・どう理解すべきか ・どう生かして課題に向き合うべきか
（公）現代社会の見方・考え方からの問い	・政治に関わるその概念は，どのようなことか	・実際の社会の中でどの事象がどう関係するか（したか）	・その概念が関わる現代社会の課題をどう解決すべきか

（中教審答申の別添資料3-5などを参考に筆者作成）

　まずは視点に関して，情報を知るための問いは「政治に関わるその概念
は，どのようなことか」とした。情報を知る問いは通常，個別的・具体的な
事象を知る問いで，一般的・抽象的な概念や理論についての問いではない。
表3-4-1でも地歴は前者の問いで，公民でも現代社会の具体的な課題を知る
ことから展開する魅力的な授業が考えられる。敢えて後者を示すのは，公民
的分野は政治（学）や経済（学）などの概念や理論の体系・系統性重視の授
業が多く，それが深い学びとならず，形式的に概念等を知ることに終始しが
ちなためである。現状を踏まえ，形式的に知ることを意味の先取として生か
す展開を示す必要があると考えた。情報と概念はあまり同列で論じられない
が，考察を十分せず実感なく概念を知ることは，個別的・具体的な事象を情
報として知ることと同列に扱えよう。

　そして方法に関して，考察するための問いは「実際の社会の中でどの事象
がどう関係するか（したか)」とした。具体的な事象と抽象的な概念や理論，
意味とを往還させ深い学びとするため，地歴では事象（情報）を他の事象や
概念等と関連付けながら考察する。一方，公民で提示したのは，政治等の概
念（情報レベル）を実際の事象と関連付けて考察する問いで，政治等の概念
を情報レベルから生きて働く知識とする。さらに，構想するための問いは
「その概念が関わる現代社会の課題をどう解決すべきか」で，知識が知恵と
なるよう実際に働かせる。

（土肥大次郎）

Q5 「主体的・対話的で深い学び」について説明しなさい

1. 学習指導要領における「主体的・対話的で深い学び」の捉え方

　平成29年・30年告示の学習指導要領（以下，指導要領）において，新しい時代に求められる資質・能力が，①「知識・技能」，②「思考力・判断力・表現力等」，③「学びに向かう力・人間性等」，の3つに整理され示された。

　「主体的・対話的で深い学び」（いわゆるアクティブ・ラーニング）は，資質・能力の育成という目標のもと，子どもの視点からは，それを培っていくための「学習過程の特質」を意味しており，また教師の視点からは目標を実現するための「授業改善の視点や方法」を意味している。指導要領改訂の前提になる中央教育審議会答申（2016年12月）（以下，答申）によれば，「主体的な学び」は，「興味・関心を高める」，「学習を自分と結びつける」，「学習の見通しをもつ」，「学習に粘り強く取り組む」，「学習を振り返り次につなげる」といったキーワードで説明されており，その意味の中核は，「子どもによる自己の学習のメタ認知」である。また，「対話的な学び」は，言語・表現活動を介して，子どもが他者（子ども同士・教職員・地域の人々）と協働し，相互に関わりながら，あるいは先哲の考え方を手掛かりに，課題解決に向けて自己の考えを広げ深めていくことである。「深い学び」については，子どもが，「見方・考え方」を働かせて知識の習得・活用・概念化を果たすとともに，その発展として自分なりの考えを形成したり，新たな価値を創造したりすることが，その意味するところである。

　「主体的・対話的で深い学び」は，子どもの学習過程としては，「一体として実現されるものであり，また，それぞれが相互に影響し合うもの」（答申，pp.49-50）である。一方で，教師にとっての授業改善の視点としては，「それぞれ固有の視点である」（答申，p.50）ことに留意する必要がある。

2. 「主体的・対話的で深い学び」を実現する社会科授業デザイン

（1）授業デザイン

　子どもに「主体的・対話的で深い学び」の実現が図られたかは，具体的な社会科授業づくりと実践を通じて評価し説明してゆくしかない。そうした見解から，中等歴史教育を事例に，「主体的・対話的で深い学び」を実現する授業づくりについて検討していこう。基本原則は，子どもが，歴史的事象について，「歴史的な見方・考え方」（時期，推移，類似，差異，特色，背景，因果関係，影響，等）を働かせて学習課題を見出し，その課題に対して互いの対話（説明・議論）を通して多面的・多角的に考察，構想（選択・判断）し，課題解決のための知識を習得・活用していくように授業を組み立てることである。

　授業づくりの基本原則を踏まえ，4つの授業類型を立て，「太平洋戦争」（戦前・戦後の時期を含む）を対象に筆者が構想した授業デザイン（学習課題（主発問）とそれに基づく授業展開の概要）を示そう。

① 解釈追究学習

　この型は，子どもが資料を基に歴史的事象の関係・特色・意味・意義等を解釈し説明する学習である。教師の解説・教え込みによってではなく，子どもによる追究を促すために，学習課題は，子どもに対して「場面」・「状況」・「立場（役割）」・「遂行する行為」を明確にしたパフォーマンス課題とする。

【学習課題（主発問）】日本とアメリカとの間には圧倒的な戦力差があることは分かっていたはずなのに，日本はなぜ開戦を決意したのか。「御前会議（1941年9月6日）」において「開戦やむなしの方針」を筋道立てて説明できるか。説明のための観点として，「戦前の国際情勢」「資金や軍需品の調達」「ヨーロッパ戦線におけるドイツの進撃への期待」「国内外への開戦の理由づけ」「国民の意識高揚」を定める。

　本授業は，主発問に導かれて，いわゆる「帝国国策遂行要領」が決定された1941年9月6日の御前会議の場面を設定し，日本が対米英蘭戦争を決意し開戦方針を定めた判断の根拠（解釈）を，昭和天皇に見立てた教師に対し

て，当時の軍・政府指導者の立場から，子どもが観点ごとに資料に基づいて
考察し説明するように展開する。

② 解釈構成学習

　この型は，子ども自らが歴史的事象に対する解釈をつくり出し，その妥当
性を根拠に基づいて討論することを通して，解釈を磨いていく学習である。

【学習課題（主発問）】今の日本において「戦後」とは太平洋戦争終結後の時
期を指す言葉として使われるが，「戦後」はいつ始まったと言えるのか。

　「戦後」は，戦争の終結後の短期または長期の期間を指す歴史的概念であ
る。今の日本から見通して，太平洋戦争終結を基点とする「戦後」の「始
期」については，戦前・戦後の「断絶と連続」という観点から，「1945年 8
月15日（玉音放送）」「1945年 9月 2日（日本，降伏文書調印）」「占領期（憲
法制定と民主化政策）」「1952年 4月28日（サンフランシスコ平和条約発効）」
「高度経済成長期以降（国民の生活様式・意識の変化）」等様々な解釈がある。
本授業は，子ども自らが様々な資料を基に解釈を構成し，その妥当性につい
て討論することを通して戦前・戦後の時期区分に対する常識的な見方・考え方
を吟味し再構築していくように展開する。

③ 価値判断学習

　この型は，歴史的論争問題・場面に対して，子どもが自己の選択・判断を，
根拠に基づいて理由づけ，その妥当性や正当性を討論する学習である。

【学習課題（主発問）】原爆投下の責任は誰が負うべきなのか。選択肢 1．原
爆投下を命令した米国のトルーマン大統領が負うべき。2．原爆投下を招い
てしまった日本の戦争指導者が負うべき。3．その両方に責任があると考え
るが，米国の方により重い責任がある。4．その両方に責任があると考える
が，日本の方により重い責任がある。5．その他の考え方がある。

　本授業は，唯一の被爆国である日本で学ぶ子どもたちが，核兵器使用の非
人道性といかなる理由からもその使用を正当化できないとする価値観を共有
しながらも，1945年 8月 6日の広島，8月 9日の長崎への原爆投下の責任
の所在について，背景，諸事象の関係，日米双方の立場，原爆投下の影響等
を視点に考察し，根拠に基づいて価値判断を下し討論するように展開する。

④　メタ解釈学習

　この型は，子どもが歴史解釈に潜む歴史の書き手・語り手の立場性・価値観・主張の構成等を批判的に吟味し，解釈する学習である。

【学習課題（主発問）】「歴史」を書くこと，「歴史」を理解することとはいかなることか。1941年12月8日から1945年9月2日まで日本が進めた戦争の名称の違い，すなわち「大東亜戦争」「太平洋戦争」「アジア太平洋戦争」の3つの名称の使い方の違いを事例に考察し説明してみよう。

　「歴史を書く」とは，歴史の書き手・語り手が問題意識に基づいて事実と解釈（因果，意味，影響等）及び評価を構成することである。また，「歴史を理解する」とは，歴史記述の問題意識・事実・解釈・評価のつらなりを吟味することを通して，自分なりの歴史像をつくり出すことである。本授業は，子どもが，日本が進めた先の戦争の3つの名称と関連する教科書や副読本の記述を，事実・解釈・価値の結びつきを視点に吟味し，「歴史を書くこと・理解すること」の意味を説明したり討論したりすることを通して，歴史的知識の構築性についての認識と知識に対する批判的読解力を培うように展開する。

（2）自己の学習の振り返りと次の学習に向けた調整

　「対話的な学び」の導入は，必然的にクラスやグループでの協働的学びを促すことになるが，「主体的・対話的で深い学び」が実現したかどうかの評価については，クラス等の学習集団一律に進めるのではなく，個々の子どもの特性と学習の過程を十分に踏まえて実施する必要があろう。単元としての学習のまとまりを踏まえながら，教員による評価活動だけでなく，子どもの自己評価や相互評価の活動を適宜組み込み，一人一人の学習に対する意欲の向上や課題の探究に向けての粘り強い態度，学習の振り返り，調整等を丁寧に見取っていくようにしたい。

参考文献

梅津正美・原田智仁編（2015）『教育実践学としての社会科授業研究 の探求』風間書房。

大杉昭英（2017）『アクティブ・ラーニング　授業改革のマスターキー』明治図書出版。　　　　　　　　　　　　　　　　　　　　　（梅津正美）

Q6 （地域）調査・見学のあり方について説明しな さい

1．社会系教科における（地域）調査・見学の位置付け

　社会系教科と学習活動としての（地域）調査・見学の位置付けとそれぞれの学習活動の特徴を見ていく。

（1）学習活動としての調査・見学

　2017（平成29）年と2018（平成30）年改訂学習指導要領の中学校社会科，高等学校地理歴史科，高等学校公民科（以下，中等社会系教科）の総括目標では，教科の特質に応じた学び方として，「社会的な見方・考え方を働かせ，（現代の諸）課題を追究したり解決したりする活動を通して」の部分が共通して示されている。（地域）調査・見学は教科の学び方の１つである。

　中等社会系教科において，調査・見学は諸資料の活用や具体的な体験を伴い，学習者の自主的・協力的な解決過程を重視する学習活動として位置付けられてきた。見学・調査は，学習者の興味・関心や学習意欲の喚起を目的として，単元の導入に位置付ける場合と，社会のしくみに関わる既習事項の確認を目的として，単元の中盤以降に位置付ける場合がある。

（2）地域調査

　調査は社会的事象の現状や要因を明確にするために調べる，見学は社会的事象を把握するために見聞するという意味合いが強い。調査・見学とセットで示す場合は，実際に目的意識をもって現地や施設等に行き，観察をしたり，聞き取りをしたり，説明を聞いたりする活動が含まれることになる。

　地域調査は，地域を対象にした研究手法の１つであり，野外調査（フィールドワーク）による観察・実測・聞き取りや資料収集による文献調査により，地域の実態を明らかにすることを目的としている。中等社会系教科の中で，地域調査は，地域を対象とする地理教育が主に担ってきた。地域調査は地理的な見方・考え方とともに，読図能力や資料活用能力等の地理的技能を育成

するという方法概念としての側面が強いが，近年は地域の様子や問題を捉えて地域の発展につなげるという目的概念としての側面が重視されている。

　2016年の中央教育審議会答申では，社会との関わりを意識した課題解決的な学習活動として，課題把握→課題追究→課題解決という学習プロセスが示された。地域調査はこの学習プロセスそのものである。

２．中等社会系教科における（地域）調査・見学の活用

　2017年改訂の中学校学習指導要領と2018年改訂の高等学校学習指導要領の中等社会系教科の項目から（地域）調査・見学の学習活動を見ていく。

（1）中学校社会科

　地理的分野の技能に関わる目標として，「調査や諸資料から地理に関する様々な情報を効果的に調べまとめる技能を身に付ける」と示され，学習者の生活舞台を主要な対象地域とした野外調査や文献調査などの実施方法を学ぶ「地域調査の手法」と，地域の将来像を構想する「地域の在り方」の２つの中項目が設定されている。前者は方法概念，後者は目的概念を重視している。

　歴史的分野では，「諸資料から歴史に関する様々な情報を効果的に調べまとめる技能を身に付ける」と示され，日本人の生活や生活に根ざした文化について，博物館や郷土資料館などの施設を見学・調査することなどを通して，衣食住，年中行事，労働，信仰などに関わる学習の充実が求められている。公民的分野では，「諸資料から現代の社会的事象に関する情報を効果的に調べまとめる技能を身に付ける」と示されている。社会のしくみを実感するために裁判所や銀行などへの見学を取り入れることが考えられる。

（2）高等学校地理歴史科

　必履修科目の地理総合の技能に関わる目標として，「調査や諸資料から地理に関する様々な情報を適切かつ効果的に調べまとめる技能を身に付ける」と示され，最後に位置付けられた中項目「生活圏の調査と地域の展望」では，生活圏の課題を，調査・見学等を取り入れて捉え，持続可能な社会づくりのための解決策と地域のあり方を探究する。選択科目の地理探究では，「調査や諸資料から地理に関する様々な情報を適切かつ効果的に調べまとめ

る技能を身に付ける」と示され，地理の学びの集大成としての中項目「持続可能な国土像の探究」では，国土の諸課題の解決と望ましい国土の在り方を探究する。

　必履修科目の歴史総合や選択科目の日本史探究や世界史探究では，諸資料の活用と関係諸機関の連携として，文化遺産，博物館や公文書館，その他の資料館などの調査・見学を取り入れることで，実物や複製品などの資料と接して，具体的で多様な情報を得て歴史の考察を深めさせることが示されている。特に，日本史探究の中項目「現代の日本の課題の探究」において，探究の主題に関わる資料を収集するために，博物館や公文書館や資料館や図書館やデジタルアーカイブなどの果たす役割に着目し，調査・見学などの学習活動を取り入れることが強調されている。

（3）高等学校公民科

　必履修科目の公共の大項目「持続可能な社会づくりの主体となる私たち」では，設定した課題を探究し，自分の考えをまとめる。選択科目の倫理では特に示されていない。政治・経済では，中項目「現代日本における政治・経済の諸課題の探究」の産業構造の変化と起業や食料の安定供給の確保と持続可能な農業構造の実現で，調査活動を通して調べまとめるようになっている。

3．持続可能な社会づくりへの参画に向けた地域調査のあり方

　中等社会系教科のカリキュラムの中で，学習者の主体的な探究活動が明確に位置付いている地理教育における地域調査の学習指導法を見ていく。

（1）地理教育における地域調査で育成する力

　地理教育における学習指導法としての地域調査は，情報を収集する技能，情報を読み取る技能，情報をまとめる技能を含んだ地域調査の手法ばかりでなく，地理的な見方・考え方を働かせて，「地理に関わる事象の意味や意義，特色や相互の関連を，概念などを活用して多面的・多角的に考察する力」（思考力）や「地理的な課題を把握して，解決に向けて学習したことを基に複数の立場や意見を踏まえて構想できる力」（判断力）を踏まえて，「考察・構想したことを効果的に説明したり，議論したりする力」（表現力）を育成する。

　地域調査全体を通して，学習者が生活している地域に対する理解と関心を深め，持続可能な社会づくりの形成に参画しようとする態度を育成する。

（2）持続可能性の視点から地域を構想する地域調査

　中学校社会科地理的分野の中項目「地域のあり方」では，身近な地域や日本各地で見られる課題の解決に向けて地域調査を行い，身近な地域の課題の現状を捉え，その要因と解決策を考察・構想し，それらを説明，議論して地域の将来像を構想していく。

表3-6-1　地域を構想する地域調査

探究過程	主な問いや活動
1．課題把握 （課題設定）	○地域ではどのような問題があるか，どうすれば地域の問題が解決できるか
2．課題探究	○なぜ地域ではそのような問題が発生したのか
（仮説設定） （仮説検証）	［文献調査－分析検討］ 書籍，インターネット等 ［野外調査－分析検討］ 観察，聞き取り，資料収集等
3．課題解決 （構想発表）	○どうすれば地域の問題を解決し，地域を発展させることができるか

　地理総合の中項目「生活圏の調査と地域の展望」では，地理的な課題の解決に向けた取り組みや地域調査の手法を捉え，生活圏における学習者との関わりからテーマを設定し，地域の課題に関わる仮説を検証するために野外調査と文献調査を行い，課題の要因や解決策や改善策を考察・構想し，議論を踏まえて身近な地域の展望を構想していく（表3-6-1参照）。

　地理探究の中項目「持続可能な国土像の探究」では，地域調査により日本が抱える地理的な諸課題を学習者自らが見いだし，その解決に向けて考察・構想し，望ましい国土の在り方を実現するための取り組みを構想していく。

参考文献

中央教育審議会（2016）『幼稚園，小学校，中学校，高等学校及び特別支援学校の学習指導要領等の改善及び必要な方策等について（答申）』。

永田成文（2012）「社会科における見学・調査の指導」社会認識教育学会編『新社会科教育学ハンドブック』明治図書出版，pp.237-247。

（永田成文）

Q7 外部講師（人材）の活用法について説明しなさい

1．はじめに：外部講師（人材）とは何か，なぜ必要か

　2017・2018年改訂学習指導要領では「社会に開かれた教育課程」という理念が掲げられた。これは，教育課程の実施にあたって，地域の人的・物的資源を活用したり，放課後や土曜日等を活用した社会教育との連携を図ったりすることとされる。そこで，学校教育を学校内に閉じずに社会と共有・連携しながら実現させるために，外部講師あるいは外部人材（以下，外部人材で統一）の積極的な活用が期待されている。

　ここでいう外部人材とは，ある分野において知識・経験・技術を豊富に有していたり，子どもとは違った文化や背景を背負っている人を指す。教室に外部人材が入れば，通常の教室とは違った雰囲気が生まれる。また，その外部人材の専門性や考え方・価値観の多様性を活かして，通常の授業ではできなかった学習を展開することが期待できる。さらに，子どもたちが外部人材を招く準備段階から主体的に関わることで，子どもたちのより積極的な学習への参加も期待できる。なお，外部人材を招くばかりでなく，子どもたち自身がその外部人材のいる場所へ出かけていくことも同様の教育効果が期待できる。本稿では，これら外部人材の中等社会系教科ならではの活用のあり方について考えてみよう。

2．中等社会系教科における外部人材の活用目的

　学校現場ではこれまでも，授業にゲストティーチャーを招くといった形で外部人材の活用が進められてきた。みなさんも中学校や高校時代に，社会科や公民科の授業の一環で，選挙管理委員会による模擬選挙を体験したり，国税局による租税教室を受講したりした経験があるだろう。普段なかなか会うことのできない人を招いて行われる特別授業は，刺激があって楽しいものだ。けれども，とってつけたような形で実施されるゲスト講義は，子どもた

ちにとって「非日常を味わうことができて楽しかった」といったような単なる表面的な体験として片付けられかねない。

　教科の理念に照らして考えるならば，中等社会系教科における外部人材は，子どもの社会の見方・考え方を発展させたり，地域や社会の課題に気づかせたり，課題解決のために行動して社会をより良くしていくためにこそ，活用されるべきである。どうすれば，そのような外部人材を見出し，活用することができるだろうか。

3．中等社会系教科における外部人材の活用例

　外部人材とひとくくりにいっても様々なタイプの人材がいる。また，同じ人材を活用するにしても，学習においてその人材に期待する役割の違いによって，子どもたちとの関わり方も異なってくるだろう。中等社会系教科を学ぶ子どもたちにとって，外部人材が果たす役割を整理すると，次の3つの活用法が考えられる。

（1）提供型：「専門家」としての外部人材

　1つめは，自分たちでは知り得ない専門的な知見を提供してくれる存在として外部人材を活用する方法である。弁護士や税理士，研究者や技術者，政治家やマスメディア関係者などのその道の「プロ」を招き，社会に関する様々な知識や技術や見方・考え方を提供してもらう。例えば，自治体の政策企画部署の職員に都市計画や公共政策に関する講習をしてもらったり，大学や博物館の歴史研究者に地域の史跡について講義してもらったりするなどの方法が考えられる。「プロ」による具体的で深い見識を手軽に得ることができるし，一度限りの授業なので既存の単元学習にも位置づけやすいといったメリットもある。

　このタイプの人材活用を行う場合，所属する組織の広報のために積極的に出前授業をしに学校に来てくれることが多い。講師派遣の申し込み方法についても先方が用意していることが多く，実施が容易である。事前に打ち合わせをして授業内容や生徒の関心に応じた知見を提供してくれるように調整できれば，単発でも普段の授業では得られない教育効果が期待できるだろう。その一方で，「プロ」である外部人材の提供する見識を子どもが無批判に受

容してしまう危険があることを意識する必要がある。

（2）対立型：「不都合な他者」としての外部人材

2つめは，自分たちとは異なる視点や不都合な見解をぶつけてくる存在として外部人材を活用する方法である。地域の発展に必要だが反対意見も多い施策を実現したいと考える企業や自治体など，子どもたちが抱く素朴な感情や価値判断や常識が通用しない「意見の合わない人」と対話することで，自身の認識の偏りや価値判断基準の稚拙さへの気づきと変容を促す。例えば，地域の景観や産業を損ないかねないゴルフ場やショッピングモール建設の説明会に参加して意見を述べたり，空洞化が進行する駅前地区の抜本的な活性化施策に否定的な議員に意見書を送ったりするなどの方法が考えられる。

このタイプの人材活用を行う場合，外部人材は自身が所属する組織にとって不利益をもたらすようなテーマでの議論を避けようとするため，コーディネートは容易ではないだろう。直接外部人材を学校に招くのが難しい場合は，書面を郵送したり，事前に承諾を得て説明会に参加したり，教師が代わりに子どもたちの意見を当事者に伝えて回答を求めるといった間接的な対話の方法も検討すべきかもしれない。

（3）協働型：「パートナー」としての外部人材

3つめは，課題解決に向けて協力してくれる存在として外部人材を活用する方法である。地域で生活する外国人労働者や留学生，地域から多くの学生を受け入れている大学や専門学校，CSR活動を積極的に推進する企業など，自分たちと問題意識を共有できる人材を説得・連携し，知識や資源を提供してもらう。例えば，地域の大学に通う外国人留学生と一緒に外国人が理解しづらい道路標識や生活上のマナーを「やさしいにほんご」にするポスターを作ったり，地域の専門学校や機械加工の企業と共同で障害者や高齢者向けの商品を開発したり，大手アパレルメーカーと協力して学校や地域で集めた古着を開発途上国や難民に送ったりするなどの方法が考えられる。外部人材の強力なサポートがあれば，社会の課題を解決する方法を提案するだけでなく，実際に課題解決のための行動に結びつけることもできるだろう。

このタイプの人材活用を行う場合，課題解決のために人的・物的・金銭的な

資源を外部人材から提供してもらう必要があるため，相手にとってそれらを
提供する見返りが得られる活動であることをアピールすることが重要とな
る。また，長期間かつ中等社会系教科で扱う内容を越える学習が展開される
ため，他の教科の授業や総合的な学習（探究）の時間とも連携してプロジェ
クトを実行する必要があるだろう。

４．おわりに：中等社会系教科において外部人材を活用する際のポイント

　中等社会系教科の教師は，公民的資質（市民的資質）の育成に向けて，外
部人材にどのような教育的な価値を見出すのか，学習活動の中にどのように
外部人材との関わりを位置づけるのかを検討しなければならない。加えて，
外部人材と継続的で長期的な関係を構築していくことや，子どもに行動に対
する振り返りや評価を行わせること，ICTを活用して遠く離れた場所にいる
人材を活用することなども考慮すべきポイントだろう。
　これからの中等社会系教科の教育では，これまで以上に教室での学習と現
実社会とを結びつけることが求められる。そのためには，子どもが社会や社
会の課題をわかるだけでなく，子どもが社会とつながっていることを実感
し，直接社会に働きかけることができるのだという「手ごたえ」を得られる
ことが重要である。社会と子どもをつなぐ接点として外部人材を活用するこ
とで，「社会に開かれた教育課程」を実質的なものとしたい。

参考文献

文部科学省（2016）『次期学習指導要領等に向けたこれまでの審議のまと
　　　　め』https://www.mext.go.jp/b_menu/shingi/chukyo/chukyo3/004/
　　　　gaiyou/1377051.htm（2021年8月21日閲覧）。
大友秀明・桐谷正信（2016）『社会を創る市民の教育』東信堂。
公益財団法人福島県国際交流協会（2002）『みんなでつなごう！教室と世
　　　　界～総合的な学習の時間に役立つ学習プラン～』http://www.
　　　　worldvillage.org/rikai/plan.html（2021年8月21日閲覧）。

（大坂　遊）

∥Q8 ICT の活用法について説明しなさい

1．中等社会系の授業で ICT を活用する視点

　情報通信技術（Information and Communication Technology　以下，ICT）は急速に進歩し続け，社会のあらゆる場所で常に活用されている。

　国の「GIGAスクール構想」により，学校でもPC端末は「マストアイテム」として，鉛筆やノートと同様に身近な文房具になりつつある（文部科学省HPには，児童生徒と教師がタイミングよくICT機器を操作し，課題研究し，アイデアを上手に紹介しているプロモーション動画が紹介されている）。

　教科書や関連教材のデジタル化も進んでおり，2020年から世界を襲った感染症の危機は，こうした学校現場のICT活用に拍車をかけた。

　では中等社会系の授業で，いかにICTを活用すればよいか。大切な視点は，この授業が目指すのは，平和で民主的な社会を形成する公民として必要な資質・能力の育成であり，そのためにICTを活用するということである。生徒が，科学技術と共にある社会のことをよく認識でき，よりよい未来社会となるよう問題解決できるように，私たちはICTを活用して授業をする。

　このために教師は，まず自らの研究にICTを活用してみる。自身の社会的な見方・考え方を働かせ，情報を多面的・多角的に収集し，読み取り，まとめ，生徒にわかりやすく説明するために，コンピュータやインターネット等を積極的に活用できる。教師がいかにICTを活用して教材研究したかを説明すれば，生徒たちの学習は深まりやすい。

　そして生徒は，学習を深めるために，自分達でICTを活用して，社会的な課題を追究，解決してみるとよい。実際に活用して情報を収集，処理，発表してみることで，実践的な活用方法や情報モラルの理解は深まる。

　なお，ICTを授業で活用する上で重要な著作権法の改正が，2018年5月に行われ，感染症に伴う遠隔授業等のニーズに応え，2020年4月28日に施行された。これにより授業で，教科書などの著作物を公衆送信することが，

（一定の条件のもと）許諾を得なくてもできることになった。これからの中等社会系の教師は，著作権等への配慮を怠らず，ICTを活用する工夫と努力が一層求められる。では自分の授業でどう具体的に活用すればよいだろうか。

２．教材研究，評価にICTを活用できる

（1）教材研究

　教材づくりにICTを活用する教師は多い。例えば，教科書や資料集の図表をわかりやすく拡大して提示し，発問や説明をするために，インターネットで調べるなどする。また教科書よりも新しいデータをインターネットで集め，比較して示すこともある。さらに教科書にもインターネット上にもない素材は，現地に出かけデジタルカメラで写したり，インタビューをデジタルビデオカメラで録画したりして集め編集することもある。このように教師がICTを活用してつくった教材は生徒に理解されやすい。

　ただしそれらが科学的で，社会的な見方・考え方を育てるために意味があるかどうかよく考える必要がある。不確かで的を射ないICT教材を多用しても，よい社会科等の授業とはならない。これに対しては，教科書や資料集の図表をよく吟味したり，教育系のテレビ番組を視聴したりすると手がかりが得られる。（本稿を執筆中にも手がかりとなるユニークな番組が放映されていた。例えば，「NHK for school」の番組「10min.ボックス地理」では，「なぜインドではICT産業が急速に発展したんだろう？〜アジア州〜」。他のNHK番組「アクティブ10公民」では，「対立から合意を目指すには？」，番組「世界の哲学者に人生相談」では，「"行き詰まりから脱出するには"〜ジョン・デューイ」など。）

　また全国のICTを活用した教材や指導計画（文部科学省や全国の教育センターのHPにも数多く紹介されている）が参考になる。教師たちが，いかに収集，整理，編集しているか，中等社会系教科の視点から手がかりを得たい。

（2）評価

　子どもたち1人1台の端末と高速大容量の通信ネットワークが整備される中，教師は成績処理等の負担が軽減されることを期待できる。一方で，生徒

一人ひとりに個別最適化した学びを実現することも求められている。

　こうした評価の改善について，ICTを活用して社会の事実的知識の理解度を評価する実践例がある。例えば，NHKの番組「高校講座　日本史」のHPには，小単元ごとに「番組を見る」，「学習メモ」と一体的な「理解度チェック」が整えられており，各設問に対する自分の選択が正答かどうか，誤答ならどこを間違えたのか，みんなの解答状況はどうかなど直ちに確認できる。教師は単元ごとに，生徒自身に挑戦させてみることができる。

　また各自のタブレットを使い，観点別に授業評価してもらい，数値化やグラフ化し，教師が授業の改善に生かすことは大学等でも広く行われている。

　他に，情報の保存や共有などICTが得意とすることを生かし，評価を工夫できる。例えばパフォーマンス課題に対する作品を，評価基準表（ルーブリック）と並べて大型テレビの画面上で総覧すれば，教師と生徒が協働して評価できる。また，生徒ごとに評価テストなどを保存しておき，学期ごとに生徒と評価し直すと，成長ぶりや課題が得られる。他に，オンライン授業を保存し，同僚教師で共有して授業研究する研修も緊要なことと考えられる。

３．授業時に ICT を活用できる

（1）教師が ICT を活用できる

　授業中に写真や地図，年表，生徒の記述を拡大して大型テレビに映す等はすでに行われている。デジタル教科書等のデータを映すことや，生徒の作品を送信させてうまく映し出すことも容易になる。操作する能力を高めたい。

　その上で大切なのは，写真や図表のどこを大きく映し出すのか，生徒の作品の何を拡大し総覧するのか，どのタイミングで映すのか，何を問うのか，それはなぜか，どのような資質・能力を育てられるのかなど教師相互で問いたい。他に，教師がプレゼンテーションソフトを使い説明をする際，生徒の反応を見ながら進めること，大事なことはやはり板書して，ノートをとらせること等，ICT機器との組み合わせ方を工夫する必要もある。

（2）生徒が ICT を活用できる

　生徒がICT機器を活用する機会を授業の各パートで与え，能力を高めたい。

　ただし生徒の中には，授業の導入時に，テレビに映っているのは，手元の
デジタル教科書のどの問題，地図，雨温図，年表，絵画，条文等のことなの
か，展開時には，自分の意見をどう入力し送信すればいいのか，終末時に，
習熟度別の問題ソフトに取り組むとき，どう回答し，保存すればよいのかな
ど操作に戸惑う生徒もいるだろう。教師による指導とともに，生徒同士の人
間関係を育てながら，教え合わせる指導もしたい。

　その上でぜひ，生徒たちに課題を与えICTを活用して情報を収集させ，読
み取ったことをワープロソフトや表計算ソフトなどを用いて分類・整理させ，
考えを図などにまとめさせたい。またプレゼンテーションソフト等を用いて
発表させ，教室全体で共有させ，話し合いや対話を丁寧に行わせたい。

　ICTを活用して社会の問題について解決することを学ぶ生徒達は，学級の
仲間だけでなく広域のゲストティーチャーとも情報共有や協働が可能となる。

　こうした議論の場をいかに設定し，いかにつなぎ深めるかについて，教師
たちの情報共有と協働により，優れた研究成果が生まれてくるだろう。

　なお，授業で用いる写真や動画からも，様々なプライバシーが侵害される
可能性が高まっている。適切な指導が必要なことは言うまでもない。

　最後に，なぜ政府はICT機器の整備と活用を急ぐのか，世界の状況はどう
か，なぜ授業目的の著作物の公衆送信が議論されたのか，情報の規制と活用
をどうすればよいか，情報社会をいかに民主的なものにしていくか等の問い
は，ICTを活用しつつ生徒と探究していく中等社会系教科の学習課題となる。

参考文献・URL

岡本敏雄ほか（2017）山極隆監修『最新 社会と情報 新訂版』実教出版。

中川一史「学校におけるICTを活用した学習場面：校内研修シリーズ
　　　　No76」独立 行政法人教職員支援機構　https://www.nits.go.jp
　　　　（2021年8月20日閲覧）。

文部科学省「スタディーエックススタイル　StuDX Style」
　　　　https://www.mext.go.jp（2021年8月20日閲覧）。

（胤森裕暢）

Q9　教科書の活用法について説明しなさい

1. 社会科教師が経験する教科書活用のジレンマ

　社会科教師は，教科書の使い方をめぐるジレンマをいつも感じながら，日々の授業づくりを行っている。「○○高校や□□大学に行きたい」という生徒の願いに応えようとすれば，教科書記述を中心に学習事項を整理して授業を作った方がいい。それに対して，民主的な国家・社会の形成者を育成するという教科の使命を果たそうとすれば，教科書だけに頼らず新聞記事などもどんどん使って社会問題を議論させる授業を作った方がいい。生徒の願いに寄り添うのか，それとも教科の使命を全うするのか。いずれの目的を選択し授業をつくるかによって，教科書の使い方は大きく変わってしまう。

　そもそも，教科書をしっかりと使いながら教科の使命を全うする方法は存在しないのか。本小論では，この問いに答えるために，教科書記述を執筆者の解釈として学習させる社会科授業づくりの方法を紹介しよう。教科書記述は，客観的事実の模写ではなく，執筆者が自らの地域像や歴史像，現代社会像に基づいて事実や用語を取捨選択した結果である。そのため，教科書記述を執筆者の解釈として学習させる授業を作れば，教科書記述を満遍なく学習させて生徒の願いに寄り添うことができると同時に，教科書というメディアが発信する情報が執筆者によって構成されていることを理解させることができるため，メディア・リテラシーの育成に寄与して教科の使命も全うすることができる。そこで，本項目では，「産業革命と欧米諸国」という中学校歴史教科書の紙面（図3-9-1）を使って，教科書を執筆者の解釈として学習させる授業づくりのポイントを3つ説明しよう。

２．教科書記述を執筆者の解釈として学習させる授業づくりのポイント

（１）教科書紙面の見出しや小見出しを手がかりに執筆者の解釈を推測する

　第１のポイントは，教科書紙面の見出しや小見出しの付け方，その構成を主な手がかりにして，執筆者の解釈を推測するというものである。例えば，図3-9-1は，「産業革命と欧米諸国」という見出しのもと，「産業革命」「資本主義の社会」「19世紀の欧米諸国」という３つの小見出しから構成されている。そのため，執筆者は，「産業革命」が起きたことによって「資本主義の社会」が成立するとともに，「19世紀の欧米諸国」に様々な変化が生じたという解釈のもと紙面を構成したのではないかと推測できる。事実，各小見出しの叙述に目を向けると，「資本主義の社会」では産業革命によって資本主義が誕生したことがはっきりと明記されているし，「19世紀の欧米諸国」ではイギリスの二大政党政治やアメリカの南北戦争など産業革命の影響を抜きにしては語ることのできない様々な出来事が列挙されている。

　執筆者の解釈を推測することができれば，学習課題とその回答をよりよく設定することができる。例えば，図3-9-1は，執筆者が産業革命とその影響

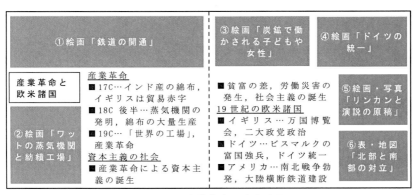

図3-9-1　産業革命と欧米諸国
（出典：五味ほか，2012，pp.138-139）

について叙述した紙面であると判断できる。そのため、「産業革命によって、どのような変化が社会に起きただろうか」という学習課題を設定して、生徒に「①資本主義の社会が成立するとともに、②19世紀の欧米諸国で様々な出来事が生起した」という回答を追究させる授業を構成できる。教科書紙面の見出しや小見出しを手がかりに執筆者の解釈を推測できれば、学習課題とその回答を設定して授業の骨格を組み立てることができるわけである。

（2）教科書の掲載資料を徹底的に活用して発問や指示を考える

　第2のポイントは、教科書の掲載資料をできる限り徹底的に活用して発問や指示を考えるというものである。理由は2つ。1つ目は、執筆者の解釈をよりよく追究させるためである。教科書の資料は、執筆者の地域解釈や歴史解釈に基づいて選択・掲載されているため、掲載資料をしっかりと活用すれば執筆者の解釈をよりよく追究させることができる。2点目は、教科書に対する生徒の先入見を変革するためである。教科書を「面白くない」と思っている生徒は少なくない。だからこそ、教科書の掲載資料を徹底的に活用して、教科書の面白さは使い方次第であることを分からせたい。

　例えば、図3-9-1の場合、「①鉄道の開通」という絵画資料は授業の導入で使うことになろう。「この鉄道は、どのような動力で走っているだろうか」「こうした技術発明による変化を何というだろうか」など、教科書を読む／見るだけで分かる発問を行って、産業革命の事実を確認することは当たり前。さらに「この鉄道は、ストックトンとダーリントンどちらに向かって走っているだろうか」「なぜそう考えるか」など、教科書を読む／見るだけでは分からない発問を行うことによって生徒の思考力を刺激し、彼らの知的好奇心を高めつつ、産業革命の実態についてより深く理解させるようにしたい。教科書の掲載資料を徹底的に活用すれば、教科書に対する生徒の先入見を変革しつつ執筆者の解釈についてよりよく追究させることができる。

（3）教科書が多様な可能性の1つであることに気づかせる活動を組織する

　第3のポイントは、教科書記述が多様な可能性の1つであることに気づかせる学習活動を組織するというものである。教科書記述のあり方が唯一絶対ではなく他でもあり得ることを学習させることができれば、教科書記述が客

観的な事実の単なる寄せ集めではなく，執筆者の解釈であることをよりよく
実感させることができる。

　例えば，図3-9-1の場合，資本主義の成立や19世紀の欧米諸国の変化など，
執筆者は産業革命による経済的政治的影響を主に取り上げ叙述している。し
かしながら，産業革命の影響は，経済的政治的なものばかりではない。社会
的生活的な影響も極めて大きかった。例えば，産業革命によって様々な地域
の時間的な距離が縮まったことにより，鉄道の時刻表が作られたり，標準時
が決められたりしたことは，産業革命による社会的生活的変化の典型例であ
る。教科書では特に扱われていない産業革命による社会的生活的変化を取り
上げ，その変化を教科書記述の一部として加えるべきかどうか検討させては
どうだろうか。そうすれば，教科書記述は，執筆者が自らの産業革命像に基
づいて事実を取捨選択した結果であることをよりよく実感させることができ
ると考える。教科書記述が多様な可能性の1つに過ぎないことに気づかせる
学習活動を組織すれば，教科書記述が客観的事実そのものではなく執筆者の
解釈であることをよりよく理解させることができる。

3．教科書記述を執筆者の解釈として学習させる教師になるために

　本項目で紹介した社会科授業づくりの方法を身に付けることは，これから
教師をめざす大学生にとって容易なことではない。なぜなら，大学生の多く
は，教科書記述を執筆者の解釈として学習した経験が少ないと考えられるか
らである。そのため，教科書記述を執筆者の解釈として学習させることがで
きるようになるためには地道な訓練が必要不可欠となる。例えば，どの教科
書紙面を見ても学習課題とその回答を即座に設定できる能力を鍛える必要が
ある。教科書の掲載資料を使って見る／読むだけでは分からない発問・指示
を考えることができる能力を鍛える必要がある。様々な情報を収集して教科
書では扱っていない教育内容を構成する能力も鍛えなければならない。これ
らの能力を大学の講義や教育実習でしっかりと鍛えて，教科書記述を執筆者
の解釈として学習させることができる社会科教師になってほしい。

参考文献

草原和博（2015）「社会科授業づくりの留意点とプロセス」全国社会科教育学会編『新 社会科授業づくりハンドブック 中学校編』明治図書出版，pp.8-13。

五味文彦ほか（2012）『新しい社会 歴史』東京書籍，pp.138-139。

藤瀬泰司（2014）「批判的教科書活用論に基づく社会科授業作りの方法：教育内容開発研究に取り組む教師文化の醸成」『社会科研究』（80），pp.21-32。

藤瀬泰司ほか（2015）「批判的教科書活用論に基づく中学校社会科授業開発（1）：『産業革命と欧米諸国』の場合」『熊本大学教育実践研究』32，pp.77-88。

（藤瀬泰司）

Q10　地図帳・資料集等の活用法について説明しなさい

1．教科書を補完するための教材としての地図帳・資料集等

　社会系教科の学習では，社会的事象に関わる資料の読み取りや解釈，表現といった学習活動を通して，学習者の社会認識の形成が図られる。またこのような学習活動に関連して，資料の収集，読み取りや分析といった資料活用能力の育成は，社会系教科の学習における重要な目標のひとつであると捉えられている。

　授業づくりにあたり教師には，さまざまな種類・形式の資料の中から学習者に提示する資料を選定したり，場合によっては独自に資料を作成したりすることが求められている。そして教師が，資料の選定や作成にあたり参照するものとして，主たる教材である教科書とともに，地図帳，資料集，用語集や統計集といった教材（以下，これらをまとめて地図帳・資料集等と表記する）が挙げられる。なお地図帳は，資料集等とは異なり，教科書と同様に文部科学省による教科書検定を受けたものであり，2017・2018年改訂の学習指導要領（社会科地理的分野，地理歴史科地理総合，地理探究）では地理的技能（地図や景観写真の読み取り，位置把握など）の指導に活用することが示されている。

　教科書と地図帳・資料集等はともに学習者が社会について理解したり，解釈したりするための資料が掲載されている教材である。しかしながら，そこに掲載されている資料の扱いにおいて，両者の間には大きな違いがある。教科書では本文（文章）が中心となり，それに関連する資料が本文の周辺に配置されている。一方地図帳・資料集等では，テーマに関連した多種多様な形式の資料とその説明文を中心に提示されている。このような違いから，教科書では本文中での説明にとどまっていた社会的事象が，地図帳・資料集等では地図や写真，グラフなどの形式で掲載，説明されていることがある。

また教師は授業づくりにあたり，教科書を教材研究の主たる対象とし，上述の差異を踏まえて地図帳・資料集等から資料を適宜選定・作成することが多いだろう。つまり，地図帳・資料集等には教科書を補完する教材としての側面があると言える。

　加えて資料の選定・作成の際には，分野・科目の特性に着目する必要がある。公民の教科書では，抽象的な社会的事象が主に扱われ，資料もグラフやモデル図が多く掲載される傾向にあり，学んでいる事象に対して学習者が実感を抱きにくいことがある。例えば需要・供給という概念を教えるのであれば，供給不足により商品を買い求めて行列をなす人々の写真や特定の商品の値段の変化を示したグラフなど，個別・具体的な状況を示した資料を地図帳・資料集等から選定し，授業で提示することが考えられる。逆に地理や歴史では個別・具体的な社会的事象が多いため，抽象的・概念的な資料（例えば，モデル図など）を選定し，提示することが考えられる。

2．資料選定・作成のための参考書としての地図帳・資料集等

　また地図帳・資料集等は，教科書の内容を補完するためだけでなく，教師が広く授業づくりにおいて，資料を選定したり，独自の資料を作成したりするための参考書という側面もある。地図帳・資料集等に掲載されている資料の種類は，おおよそ以下の表に示したものがある（表3-10-1）。

　年表，写真や文書資料は，社会で起きた（起きている）出来事や事象を可

表3-10-1　地図帳・資料集等に掲載されている資料の種類

種類	資料の例
地図	一般図（地形図），主題図（人口の階級区分図，モノの移動など）
統計	各種統計（人口，農産物などの数値データ）
グラフ	各種統計をもとにした雨温図，人口ピラミッド
イラスト	モデル図（水の循環，三権分立），風刺画
年表	地質時代の年表，ある歴史事象の年表
写真	景観写真，衛星写真，人物写真
文書資料	古文書や和歌，憲法の条文，人物のエピソード

（筆者作成）

能な限りそのまま記述表現されたものであり，一方地図，統計，グラフおよびイラストは，出来事や事象を抽象化（一般化）して説明・表現された資料である。さらに近年では，デジタル媒体の地図帳・資料集等も開発・販売されたことから，音声や動画など，紙媒体のものにはない資料も活用することができるようになった。このように地図・資料集等には，社会的事象を具体的そして抽象的に示したさまざまな種類の資料が掲載されている。

　また，資料と現実の社会がどのように関連するかを考慮する必要もある。藤田詠司によれば，両者の関係について，社会を学習者とは独立した存在とみなし，資料は現実社会を忠実に写し取ったものであるという立場と，現実社会は直接知覚できず，資料に記載されている事柄を学習者が解釈することではじめて現実社会が捉えられるという立場がある。どちらの立場に依拠するかで，当然ながら授業において選定・作成した資料を活用する目的や方法が異なってくる。

3．学び方を学ぶツールとしての地図帳・資料集等

　地図帳・資料集等は，学習者にとっては学び方を学ぶためのツールにもなる。例えば『社会科教育』（明治図書出版，2012年11月号）では，地図帳・資料集等の活用モデルが示されている（表3-10-2）。

表3-10-2　地図帳・資料集等の活用モデル

活用モデル	活用の仕方
作業学習モデル	一次資料の二次資料への加工，資料の解釈や意味づけ
グラフの見方・考え方モデル	資料の形式（タイトルや出典，縦軸・横軸など）を通じたグラフの読み取り
写真の見方・考え方モデル	写真の内容（場所や時期，目立つものなど）に着目した写真の読み取り
分布図の見方・考え方モデル	他の資料（写真・実物，統計，他の分布図）との組み合わせによる分布図の読み取り
研究レポートづくりモデル	資料集の構成（見出しやまとめなど）を活用した研究レポート
ガイドブックづくりモデル	資料集の資料を活用したパフォーマンス課題（調べる目的の明確化，資料を用いた自己の解釈構築など）

（『社会科教育』〔2012年11月号〕をもとに筆者作成）

これらの活用モデルでは，教師が学習者に対して主体的に地図帳・資料集等を活用することを促している。そして学習過程においては，学習者が地図帳・資料集等に掲載された資料の読み取りや解釈を通して社会をわかるだけでなく，資料の見方・考え方（各資料の特性の理解）や地図帳・資料集等の活用の仕方といった学び方を獲得することも意図されている。

＊

　教師は，これら3つの活用法の特徴を踏まえながら，地図帳・資料集等やこれらに掲載される多種多様な資料を活用して，授業づくり，授業実践をする必要があるだろう。

参考文献

藤田詠司（2000）「資料活用能力」森分孝治・片上宗二編『社会科重要用語300の基礎知識』明治図書出版。

明治図書（2012）「特集　社会科資料集——学習を深める面白活用43」『社会科教育』明治図書出版，49（11）。

森分孝治（1984）『現代社会科授業理論』明治図書出版。

吉水裕也（2018）「地図帳の使い方」吉水裕也編著『本当は地理が苦手な先生のための中学社会　地理的分野の授業デザイン＆実践モデル』明治図書出版。

（阪上弘彬）

第4章
中等社会系教科の学習評価法

Q1　学習評価の基本的な考え方について説明しなさい

1．学習評価とは

　我が国の普通教育において，学力は次のように定義づけられている。「生涯にわたり学習する基盤が培われるよう，基礎的な知識及び技能を習得させるとともに，これらを活用して課題を解決するために必要な思考力，判断力，表現力その他の能力をはぐくみ，主体的に学習に取り組む態度を養うことに，特に意を用いなければならない。(学校教育法第30条2項)」。このような力を育成するために，様々な教育活動が行われている。一方，行われた教育活動の是非や生徒の学習状況を適切に把握する必要がある。このように，ある目標を設定し，その目標に対し，当該生徒の学習がどのような状況にあるのかを捉えるのが，学習評価である。

　学習評価は，学校教育全体並び各教科，道徳科，総合的な学習の時間及び特別活動といった，学校教育で行われている様々な教育的な意図な営みの何を前提としているのかによって，その考え方・方法が変わってくる。社会系教科において学力をどのように捉えていたのかの歴史的な側面ついてはQ2に，方法についてはQ3～5に譲り，ここでは，中学校の社会科の授業を事例としながら，中等社会系教科における学習評価の一般的な考え方について説明していく。

2. 「社会科」における学習評価

（1）「社会科」とは

中学校社会科の目標は，「社会的な見方・考え方を働かせ，課題を追究したり解決したりする活動を通して，広い視野に立ち，グローバル化する国際社会に主体的に生きる平和で民主的な国家及び社会の形成者に必要な公民としての資質・能力の基礎」（中学校学習指導要領社会編（平成29年告示））を育成することである。ここには，公民としての資質・能力の基礎となる「社会的な見方や考え方」や「課題を追究したり解決したりする」ための知識・技能の獲得に加え，「平和で民主的な国家及び社会の形成者」という生徒の自主的・自律的な態度の育成という2つの目標を見ることができる。この2つの目標は相互補完関係にある。なぜなら，授業者がある程度の基礎的・基本的な知識を教授しなければ，生徒は知識を獲得することはできないが，それだけでは，生徒の自主的・自律的な態度は育たないからである。

この2つの目標のバランスを取りつつ，「国家及び社会の形成者」にふさわしい社会に対する認識を育成しようとするのが，社会科という教科の大きな特徴である。

（2）学習評価の実際

① 学習評価のゴール

「学習評価」では，最終的なゴール，つまり，単元や授業を終えた生徒の姿を具体的なイメージとして明確化することが大切である。この明確化にはいくつかのレベルがある。中学校社会科の公民的分野の単元「持続可能な地域をつくるためには」（全7時間）を例に挙げよう。

この単元では，「地方創生を推進するために必要な視点を活用することで，主権者として地方自治の政治的課題に積極的に参画する力を身に付けさせる」ことが目標として設定され，また，「徳島県を持続可能な地域とさせる政策を提案すること」が単元全体の生徒の課題として提示されている。政策提案を行うために必要な知識等を生徒が獲得する場として，地方自治のしくみや徳島県と他県との比較を扱う場面が前半に設定され，ここで獲得した知

表4-1-1　単元「持続可能な地域を作るために」における子どもの姿

A	徳島県を持続可能な地域にさせる政策について，自身の価値基準を再考し，自分なりの根拠を明らかにし，表現することができる。
B	私は，「教えておじいちゃんおばあちゃん徳島の郷土料理―放課後学校施設無料開放」という政策を選択します。なぜなら，徳島県が抱える高齢者の増加，子どもの孤食増加，財政が少ないという現状から両者ともWinWinの関係をつくり，既存の施設を活用すべきだと考えたからです。そうすべきだと考えたのは，将来，高齢者も子どもも楽しく生き生きと生活できる徳島県がいいと思うからです。

（第51回全国中学校社会科教育研究大会（徳島大会）公民的分野の公開授業Ⅰの授業者である井上貴文氏が作成した指導案より筆者抜粋）

識等が，政策提案の課題を考える際に活用されることになる。

　表4-1-1は，この単元で想定される最終的な子どもの姿をA，Bの2つの側面から整理したものである。

　Aは単元計画に示されていたものであり，授業が想定する一般的な生徒の姿である。Bは与えられた課題に対し，教師が想定した記述の例を示したものであり，本来ならば，授業を受ける生徒全員分以上の回答が想定される中の一つである。生徒の学習状況を判断する際，Aのように一般的な姿だけでは，個々の生徒の自主的・自律的な態度を具体化することはできない。一般的な姿と共に，Bのように具体的な回答を想定することによって，課題に対する適切な社会認識と開かれるべき判断が保障されているかを判断することができる。Aだけでなく，個々の生徒の姿の想定を踏まえたBのような具体的な回答がより多く想定されるほど，想定外の回答に対する適切な評価が可能となる。

② 　学習評価の方法

　単元や授業におけるゴールの設定の次は，目的の確認である。学習評価の目的が，例えば「児童生徒の学習改善につなげるため」なのか，「教師の指導改善につなげるため」なのか，ゴールは同じでも目的が違えば，その方法も異なってくる。

　学習評価は，Q3〜5にあるように，様々な方法（診断的評価・形成的評価・総括的評価，客観テスト，自由記述式，パフォーマンス課題による評価，

観察や対話による評価など）がある。ICTの進歩により，様々な形での学習
状況の捕捉が可能となったため，学習評価は，ともすれば，目的が失われ，
技術的な面が強調される傾向がある。社会科の教科としての目標，単元・授
業の目標を踏まえ，学習評価の目的から見た妥当な方法を選択し，組み合わ
せて実施する必要がある。

3. よりよい学習評価のために

「優れた」といわれる実践の「優れた」とされるゆえんは，授業者による
柔軟かつ適切な指示・発問であろう。これは，授業者による徹底した教材研
究と生徒理解の賜物と言える。

授業を通して，生徒に，そして，生徒とどんな社会を描きたいのか，その
具体をイメージし，授業者の想定を超える学びを期待し，ともに「学び」を
楽しむためには，「これまで慣行として行われてきたことでも，必要性・妥当
性が認められないものは見直していくこと」が必要である。

授業を通して，生徒に，そして，生徒とどんな社会を描きたいのか，その
具体をイメージし，授業者の想定を超える学びを期待し，ともに「学び」を
楽しむための場としての学習評価が求められる。

参考文献

井上奈穂（2014）「中等社会系教科の学習評価論」棚橋健治編『教師教育
　　　講座　中等社会系教育』協同出版，pp.199-216。

西岡加名恵・石井英真・田中耕治編（2015）『新しい教育評価入門―人を育
　　　てる評価のために―』有斐閣コンパクト。

中央教育審議会初等中等教育分科会教育課程部会「小学校，中学校，高等
　　　学校及び特別支援学校等における児童生徒の学習評価及び指導要
　　　録の改善等について（通知）」文部科学省　https://www.mext.
　　　go.jp/b_menu/hakusho/nc/1415169.htm（2020年4月2日閲覧）。

（井上奈穂）

Q2　学習評価の変遷について説明しなさい

1.「学力」の誕生

　1980年代の教育雑誌のある記事に，教育実習生が「北は重工業中心，南は軽工業中心・安い労働力」と板書していく事実伝達型の授業が例として取り上げられていた（『社会科教育』1982年4月号）。今の北朝鮮と韓国を知っている私たちには奇異に感じる。日々古くなる情報より，情報を適切に収集し分析し関連づける力や，追究する意欲が重要だとして上田薫は「動的相対主義」を主張した。私たちは覚えた情報以外の，何で学習成果を評価すべきか。

　そもそも「学力」という言葉は，戦後の学習指導要領とともに始まった。『新教育用語辞典』（1949年）は，この学習指導要領の新しい概念を解説するために執筆されたが，ここには「学力」という項目の代わりに「学習能力」（Ability of Learning）という項目がある。これを執筆した教育心理学者の青木誠四郎は，形態心理学の考えからバラバラの知識ではなくそれらが全体として混然と働くことが「学習能力」であるとした。この考えは，個別の知識ではなく，生活や経験の系列として学習を捉えた戦後初期社会科の中核的な考え方でもある。このように「覚えた情報を文脈から切り離して○×で測る」以上の何らかの資質や能力を想定した時に，学力論争は始まった。

　初期社会科を目玉とする昭和22年の学習指導要領は，周知のとおりデューイの経験主義に基づく新しい教育であった。そして『学習指導要領一般編（Ⅱ）』には，問題解決のためには，従来の教科の枠にとらわれず生徒が持っている知識や経験を融合させる必要があると説かれていた。だが，このような学習方法では各教科の系統的な知識が軽視されるため，戦前より学力が低下したと批判された。これが1950年代の「基礎学力論争」である。

　そもそも経験主義において，学力を構成する能力や態度は個人の資質や経験に依拠するものとされる。一方，系統主義では，学問の到達点としての知識体系（情報だけでなく命題や概念を含む），学問の依拠する方法論，学問

追究の態度を学問の系統にしたがって身につけるべきだという考え方になる。この考え方は，ずっと後の1980年代に起きた「歴史教育論争」に典型的に見ることができる。この論争の中で，安井敏夫は，授業「スパルタクスの反乱」で，子どもたちが反乱奴隷の立場に寄り添った歴史解釈を行ったことを「歴史解釈の相対的独自性」だと高く評価した。これを実証主義の立場をとる歴史学者らが批判し，その後，学問の系統の重要性を説く歴史学者たちと，子どもの解釈の独自性を説くグループとの論争が『歴史地理教育』誌上で巻き起こった。歴史教育は歴史学の下位互換としてその成果を受け入れることなのか，それとも子どもの生活経験に根ざした学びがあるのか。ここに表れた歴史教育観に，経験主義と系統主義の論争の基底を見ることができる。

2.「学力」は測れるのか

　戦後の第1期の学力論争を，初期社会科の誕生による「学力」の出現と，1950年からの経験主義と系統主義の論争とすると，1961〜64年に実施された学力テストを契機とした学力論争が，第2期の学力論争だとされる。特に，広岡亮蔵が提起した学力論に対して，勝田守一は，計測可能なように組織された教育内容と，学習の結果として到達した能力のみを学力と定義すべきだとした批判した（e.g.水原，1992，pp.424-435）。これは，ともすれば教育界では願望とともに広くとらえられがちな学力を限定的に捉えたもので，測定・評価を考える上で現在まで重要な見方の一つとなっている。

　1960年代前半に起こった，「計測可能学力」「態度主義」に関わる第3期の学力論争や，1970年代の「学力と人格」をめぐる学力論争も，基本的には，全人的な発達を目指したい教育界の要求と，学力を測定するという理論的・技術的な問題とのギャップに基づくものである。さらに近年は，測定対象として外部に表出した学力と，本人の「学力」の総体を分けて考える研究も多い。例えば教育社会学は，学力データとして外部に表れたものと社会的経済的格差や生育状況を関連づけ，学力の形成要因や傾向を捉えようといている。これに対して，総体としての「学力」の実在性を前提とせず，テスト結果や学習状況の観察，作品の変化などの外部に現れた「能力シグナル」だけを捉

えていくべきだとの主張もある。いずれにせよ、「教育で培われる人間性の総体」「知的活動に関わる個人の能力部分」「可視化・測定可能な能力データ」の三者の関係をどう考えるか，これが学力評価の第二の問題点である。

3．グローバル化と学力論

　学力評価の第三の問題は，1990年代以降のグローバル化の中で生じてきた。これは「質の保証」と「多文化化」の２つのキーワードで捉えられる。

　前者の「質の保証」は，1980年代のアメリカで始まった。当時のアメリカは，不況に加えて日本やドイツなどの経済的追い上げに直面していた。そこで教育によって国家と産業を立て直すため，報告書「危機に立つ国家」(1983) で教育における「質の保証」や「競争原理」の導入を提言した（今村，1997）。これが具体化するのが1990年代の「落ちこぼれゼロ法」と「スタンダード」の導入である。競わせることで質を上げようとする教育における新自由主義の導入は日本でも行われ，2000年代初頭の学校評価や教員評価の導入，最低到達基準としての学習指導要領という学習指導要領の性格の変化として表れた。成績評価においても評価規準（評価のものさし，例：100m走で合否を決める）や評価基準（評価のライン，例：15秒以上が合格）を詳細に定めた具体的で測定可能な評価軸と，到達目標達成のための説明責任（アカウンタビリティ）が教師に求められるようになった。

　後者の「多文化化」は，テストにおける「正解のない問題」を生み出した。初期社会科や上田薫の「動的相対主義」では，対象となる情報が時代により変化するだけで「正解」はあったし，自分や社会も変化していくがそれでも共有できる価値観はあった。だからこそ個人の追究が，クラスや地域社会が共通して直面する社会的問題の解決につながったのである。これに対して，同じ経験や情報を共有しながら共通の基盤がないのが多文化共生社会である。その際に重要なのは情報の多寡ではなく，そこから，どう自分の考えを組み立て，相手を説得し，社会的合意に持ち込めるかである。そこには唯一絶対の「正解」はない。特に現在のネット社会では，デジタル・デバイスを使えば，その道で永年学んできた専門家が記憶している量を一瞬にして凌

駕できる情報を手に入れられる。それゆえ，情報を記憶するだけの学習の価値は相対的に低下することとなる。一方，その膨大な情報をもとに，それらを吟味し，自らの主張を組み立て，多文化社会で出会う価値観の異なる相手に自らの考えを伝え，社会的合意にいたるという新しい能力が必要となった。近年の「DeSeCo」や「21世紀型スキル」が，デジタル・リテラシーやコミュニケーション能力を学力の重要な要素と見るのはそのためであり（ライチェン＆サルガニック，2006，pp.105-121），日本における「コンピテンシー」「新学力観」「自ら学び考える子ども像」も，このような文脈の中から出てきたものである。

この種の学習には相当の時間を必要とするため同じ学習時間では記憶される情報の量は少ない。そのため，従来型のテストで評価すれば「学力低下」に見えてしまう場合もある。「コンピテンシー」のように見えない学力は，出てきた答えそのものを一定のものさしで評価するのではなく，それが作成される過程に見られる「パフォーマンス」（状況に応じてその人の知識や技能が用いられた結果，表れたふるまいや作品）から評価するものである。このようなグローバル化の中で新しく要求された学力観と，それになじめない授業観や評価観とのギャップが，第4期の「新学力観」にまつわる論争や，第5期のいわゆる「ゆとり批判」をめぐる学力論争の本質だと言える。

このように学習評価の変遷を見ると，21世紀に入り社会によって要求される総体としての「学力」が大きく変化し，学力を測定する技術的な方法論も大きく進化したことがわかる。そして学習評価の変化は，教育観・学校観や日々の社会科授業づくり観の変化でもあることを改めて考えるべきである。

参考文献

今村令子（1997）『教育は「国家」を救えるか』東信堂。

水原克敏（1992）『現代日本の教育課程改革』風間書房。

D・S・ライチェン＆L・H・サルガニック編（立田慶裕監訳）（2006）『キーコンピテンシー――国際標準の学力をめざして』明石書店。

（谷口和也）

Q3　観点別評価について説明しなさい

1．観点別評価とは何か

　あるものを複数の観点から評価すなわち価値判断すること。観点には内容領域別や能力概念別の設定があるとされ，社会科では前者であれば地理的分野／歴史的分野…や古代／中世…，後者であれば知識／思考／関心…などが考えられる。1つの全体的評価を行う総合評価と比べ，観点別評価はより分析的で多面的な評価が可能になる一方，観点の設定や数が不適切な場合には評価が複雑になったりするなどの問題が生じるため注意が必要となる。

　学習指導要領の改訂ごとに評価の考え方や指導要録に記載する事項等の通知（以下，要録通知）がなされるが，目標の達成状況を観点ごとに評価する観点別評価は1977・1978（昭和52・53）年改訂の学習指導要領にともなう通知から導入されている。児童生徒の学籍や指導結果などが記載され，進学先や転校先の校長にも送付される指導要録においては，学年や教科ごとの「観点別学習状況」欄で観点別評価が，「評定」欄で総合評価が行われる。

　2017・2018（平成29・30）年改訂の学習指導要領（以下，改定学習指導要領）に対応した要録通知では，観点別学習状況については「知識及び技能」「思考力，判断力，表現力等」「主体的に学習に取り組む態度」の3観点をそれぞれA：「十分満足できる」状況と判断されるもの，B：「おおむね満足できる」状況と判断されるもの，C：「努力を要する」状況と判断されるものの3段階で区別して評価することが示されている。また評定についても小学校（第3学年以上）で3：「十分満足できる」状況と判断されるもの〜1：「努力を要する」状況と判断されるものの3段階で区別し，中学校と高等学校で5：「十分満足できるもののうち，特に程度が高い」状況と判断されるもの〜1：「努力を要すると判断されるもののうち，特に程度が低い」状況と判断されるものの5段階で区別して評価することが示されている。

　このような指導要録のあり方は，各学校作成の通知票や単元などの学習評

価にも影響する。観点別評価の結果のA，B，Cの数を基に総括することで評定が出されることも多いことから，実質的には観点別評価が学習評価の基本となっていると言えよう。一方で，児童生徒や保護者が評定だけを気にする状況もあると指摘されており，「指導と評価の一体化」のなかで評定が果たすべき役割も問われている。

2．改訂学習指導要領に対応した観点別評価の特徴

育成を目指す資質・能力の3つの柱「知識及び技能」，「思考力，判断力，表現力等」，「学びに向かう力，人間性等」に沿って目標及び内容が再整理された改定学習指導要領における評価の主要な特徴は下の3点である。

（1）4観点から3観点へ

これまでの「関心・意欲・態度」「思考・判断・表現」「技能」「知識・理解」の4観点から，先にも示した「知識及び技能」「思考力，判断力，表現力等」「主体的に学習に取り組む態度」の3観点に整理された。育成を目指す資質・能力と観点を対応させ，「指導と評価の一体化」を推進しようとしていることが明白だろう。社会科や地理歴史科などの各教科・各学年等の「評価の観点及びその趣旨」（要録通知の別紙参照）は，改訂学習指導要領にある目標をふまえ作成されていることなどは各自確認してほしい。

（2）「主体的に学習に取り組む態度」についての趣旨の強調

資質・能力の3つの柱のうち「学びに向かう力，人間性等」については，①「主体的に学習に取り組む態度」として観点別学習状況の評価を通じて見取ることができる部分と，②観点別学習状況の評価にはなじまず，個人内評価等を通じて見取る部分があるとされる。②にあたる「感性や思いやり」などは観点別学習状況の評価の対象外となる。また①について国立教育政策研究所（2020）は，挙手の回数やノートを取っているかなどの性格や行動面の傾向を評価するのではなく，「知識及び技能を習得したり，思考力，判断力，表現力等を身に付けたりするために，自らの学習状況を把握し，学習の進め方について試行錯誤するなど自らの学習を調整しながら，学ぼうとしているかどうかという意思的な側面を評価することが重要」としている。

106

（3）高等学校における観点別評価の充実

　これまで高等学校生徒指導要録に記載する事項等や様式例において観点別学習状況に関する記述や欄は示されてこなかったが，改定学習指導要領に対応した要録通知から新設されることとなり，観点別評価の更なる充実が目指されている。従来から高等学校においても小・中学校と同様に観点等を踏まえた評価が要請されてはいたが，地域や学校によって取組に差があったと指摘されており，この新設が授業や試験等の改善にもつながるのか注視される。

３．中等社会系教科における観点別評価の例

（1）国立教育政策研究所の参考資料

　国立教育政策研究所（2020）は，改訂学習指導要領や要録通知などをふまえた評価の事例などを示している。目標の実現の状況を判断する評価規準の系統化や「評定に用いる評価」場面と「評定のための資料としては用いないものの日常の学習改善につなげる評価」場面を分ける事例などを紹介しており，各学校のカリキュラム・マネジメントを支援する試みがなされている。

（2）西岡らのパフォーマンス評価を用いた観点別評価

　西岡加名恵（2018）は，中央教育審議会「幼稚園，小学校，中学校，高等学校及び特別支援学校の学習指導要領等の改善及び必要な方策等について（答申）」（2016年12月21日）にある「複数の観点を一体的に見取ることも考えられる」をふまえ，パフォーマンス課題で「リアルな状況において知識やスキルを総合して使いこなす際に，どのように思考・判断が働き，主体的な態度を伴って表現されるのか」を評価することで，「思考力・判断力・表現力等」と「主体的に学習に取り組む態度」を一体的に評価する案を示している。そして「知識・技能」に関しては筆記テストや実技テストを使うなど，観点・評価方法・単元について学力評価計画を立てることを勧めている。

　西岡らの考え方にもとづいた社会科のパフォーマンス課題とその評価基準であるルーブリックの例として三藤あさみ実践「わたしたちと政治」が紹介されている。本単元では，第1・2次で日本国憲法（1 - 15時）と政治のしくみ（16 - 28時）を学び，第3次にパフォーマンス課題の下書き及び検討

会（29－33時），第4次にパフォーマンス課題の清書及びプレゼンテーション，学習のふりかえり（34－38時）を行う。パフォーマンス課題は，政治研究者として民主的な国家を増やすため「民主主義とは何か。民主的な国家をつくるためにはどうしたらよいのか」について提言レポートを作成するものであり，「(1) 民主主義とは何か。なぜ大切なのか。(2) 民主的な国家にするためにはどのような政治のしくみをつくる必要があるのか。(3) より多くの国民が政治に参加するためにはどうするべきなのか。なるべく具体的に例を挙げて，説得力のある提案をしてください。」という含まれるべき内容が指示されている。5段階のルーブリックの「3」の基準は，①「民主主義とは何か，民主的な国家をつくるためにはどうしたらよいのかに関する結論にあたるものがないか，内容との関連づけが甘いため説得力がもう一息である」と②「資料を使って説明している」が挙げられている。

　このような実践は，資料収集から生徒に取り組ませれば膨大な授業時間数が必要となるが，中長期休暇中の課題としたり，資料と時間を限定したりするなどの工夫によって実施することは可能だろう。そして単元末のパフォーマンス課題を各授業時間で生徒に常に意識させ，課題の解決につながる自由記述を複数回指示するなどの工夫は，単元構成をパフォーマンス課題解決のためのスモールステップとして考えることにもつながり，評価によって授業を改善していく好例と言えよう。

参考文献

鹿毛雅治（2000）「総合評価と観点別評価」森敏昭・秋田喜代美編『教育評価重要用語300の基礎知識』明治図書出版，p.20。

国立教育政策研究所（2020）『「指導と評価の一体化」のための学習評価に関する参考資料中学校社会』。

西岡加奈恵・石井英真（2018）『Q&Aでよくわかる！「見方・考え方」を育てるパフォーマンス評価』明治図書出版。

（田口紘子）

Q4　授業の工夫改善につながる学習評価のあり方について説明しなさい

1．学習評価の現状はどうなっているのか－学びの成立を阻害する要因－

　学習評価のあり方を説明するにあたり，まずは現状を確認することから始めよう。高等学校 3 年生のある生徒が以下のような意見を発しており，注目を集めている。

　「先生によって観点の重みが違うんです。授業態度をとても重視する先生もいるし，テストだけで判断するという先生もいます。そうすると，どう努力していけばよいのか本当に分かりにくいんです。」

　これは2019年 6 月に文部科学省・国立教育政策研究所教育課程研究センターが公にした『学習評価の在り方ハンドブック（高等学校編）』からの引用である。「評価に戸惑う生徒の声」と題された小さなコラムの一部分であるが，学校で行われている学習評価の実態をよく表している。

　教師は何に向かって努力をさせているのか。生徒は何に向かって努力をしているのか。評価の目的について目指すところが共有されておらず，「求められる方向性はおそらくこうなのではないか」と教師の気持ちを推しはかることを生徒に暗に求めてしまった結果，「努力のすれ違い」が生じている事例である。

　上記の高校生の意見は，現在の学習評価の取組みが学びの成立を阻害する要因となってしまっている，ということを私たちに教えてくれている。私たちはどのようなことに留意すべきなのであろうか。

2. 学習評価を実施する前に考えておかなければならないこと
   －授業者による問題群への回答－

（1）問題群の構造－授業と評価の包含関係－

　学びを成立させるためには，教師と生徒の双方が，何のために何をどう評価するのかを共有することが必要である。評価の目的，対象，方法が共有されれば，「求められる方向性」が共有され，「努力のすれ違い」も解消される。授業を工夫改善する方向性も見えてくるだろう。

　評価の編成・構成の原理・実際は，様々な研究で解明されつつあるが，ここでは先行している知見を学習評価をめぐる問題群として整理してみよう。学習評価のあり方は，図4-4-1に示すように，授業と評価に関係性を持たせたフィードバックの体系として説明することができる。

　問題群は大きく分けて2つある。ひとつは学力を形成するために授業をどのように設計するかを論じた問題群であり，もうひとつは形成した学力をどのように見取るかを論じた問題群である。

　授業設計と評価設計は授業設計を広範とする包含関係として捉えることが

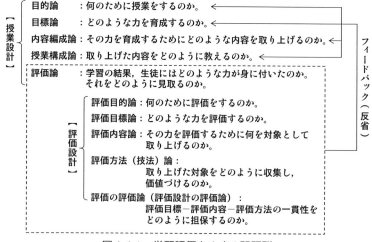

図4-4-1　学習評価をめぐる問題群

（筆者作成）

110

できる。学習評価を実施する前に，2つの設計についての問いに答えておくことができれば，授業の工夫改善につながる学習評価を実施することができるようになる。

（2）反省の様式を組み込む方法－フィードバック情報の生成とフィードバック先の確定－

授業設計と評価設計の実際は，教師と生徒の間にある「努力のすれ違い」，つまり目標や評価に関する認識の齟齬を発見したときに，改善策を処方できるように組織化されなければならない。具体的には，フィードバック情報を生成する仕組みとその情報の提供先・利用先を確定することである。

授業設計は，目的論，目標論，内容編成論，授業構成論，評価論からなる。「授業の設計」とは，「何のために授業をするのか」「どのような力を育成するのか」「その力を育成するためにどのような内容を取り上げるのか」「取り上げた内容をどのように教えるのか」「学習の結果，生徒にはどのような力が身に付いたのか」「それをどのように見取るのか」という各種の問いに答えていくことであり，これらの作業を進めることにより，何のために何をどう教えようとしたのかを説明する理論を整えることができる。

評価設計は，授業設計の中にある評価論を細分化したものである。評価目的論，評価目標論，評価内容論，評価方法（技法）論，評価の評価論（評価設計の評価論）からなる。「評価の設計」とは，「何のために評価をするのか」「どのような力を評価するのか」「その力を評価するために何を対象として取り上げるのか」「取り上げた対象をどのように収集し，価値づけるのか」「評価目標－評価内容－評価方法の一貫性をどのように担保するのか」という各種の問いに答えていくことであり，これらの作業を進めることにより，何のために何をどう評価するのかを説明する理論を整えることができる。

2つの問題群へ回答することは，齟齬を発見した際の改善策，つまりフィードバック情報の利用先を予め用意しておくことでもある。評価設計の問題群に回答する過程で得た情報が授業設計の問題群で得た回答の論理に沿わない場合は，回答を修正することにより論理的齟齬を解消することができる。また授業を実践する過程で方向性についての疑問や申し立てが生徒から

提出された場合にも，納得のいく説明を創造することにより「目指すところ」の共有を図ることができるようになるだろう。

フィードバック情報を生成する仕組みとその情報の提供先・利用先を確定しておくことは，生徒の学びを成立させるための必要条件であり，かつ実際に納得のいく学習成果を生み出すために必要となる工夫改善の方略であると考えることができる。

3．学習評価のあり方を説明することは何を問うことになるのか－実践の普遍性と統一性－

社会学者の大澤真幸は，20世紀後半に活躍した社会学者ニクラス・ルーマンの述べたことを引きながら学問が固有性を持つ条件について次のように語っている。「ひとつの学問が普遍性と統一性をもつためには，この学問固有の主題自体を主題化するような反省の様式を組み込まなくてはならない」「つまり，固有の主題が成立するための条件自体を反省しなくてはならない」と。

教育において学習評価のあり方を説明することは，社会学で言うところの「学問が固有性を持つ条件」を問うことと近い。社会学が過去や現在に生起した（しつつある）種々の社会を分析し，「社会秩序がいかにして可能か」を理論化することで普遍性と統一性を獲得してきたように，教育においては種々の実践を分析し，「どのような認識をどのように獲得させて（獲得して）市民として何ができるようになったのかをどのように見取るのか」を理論化することで実践の普遍性と統一性を獲得することができるのではないか。

授業の工夫改善につながる学習評価のあり方を説明することは，教育においていかにして「反省の様式を組み込むか」の説明をすることと同じである。しかし，残念ながら，冒頭の高校生が指摘するように，現実の実践はまだこの「反省の様式」を教師が使いこなせていないことを示すものとなっている。

参考文献

大澤真幸（2019）「序　社会学に固有の主題」『社会学史』講談社現代新書，pp.3-22。

棚橋健治（1994）「社会科学科としての社会科」社会認識教育学会編『社会科教育学ハンドブック』明治図書出版，pp.77-86。

松下佳代（2002）「数学学力の研究課題」教育目標・評価学会『教育目標・評価学会紀要』第12号，pp.29-41。

文部科学省・国立教育政策研究所教育課程研究センター（2019）『学習評価の在り方ハンドブック（高等学校編）』 https://www.nier.go.jp/kaihatsu/shidousiryou.html　2020年4月5日閲覧。

（藤本将人）

Q5 ルーブリック評価とパフォーマンス課題について説明しなさい

1. ルーブリックとパフォーマンス課題とは何か

　日本では1990年代の後半から，ある特定の状況下におけるパフォーマンス全体を評価するパフォーマンス評価が導入されるようになった。語句や多肢選択の標準的なテストでは真正な（authentic）学力を評価できないという課題を乗り越え，創造的な教育実践によって形成される学力を測るという期待が込められた新しい評価である。実際に生活する状況や社会で直面するような文脈に応じた場面として，パフォーマンス課題を設定し，そこでの思考過程を評価しようとするものである。標準的なテストのように正解・不正解で採点することはできないため，パフォーマンス課題の評価にあたっては，質的な判断の根拠となるルーブリック（rubric）を作成することが必要となる。

　松下は，小学校の算数で開発したパフォーマンス課題の要件として，(a) 思考のプロセスを表現することを要求する (b) 多様な表現方法（式，言葉，図，絵など）が使える (c) 真実味のある現実世界の場面を扱っていて，そこから数学化するプロセスを含んでいる (d) 複数の解法がとれる，という4点を挙げている。これらの要素を含んだパフォーマンス課題を生徒が実施し，可視化されたパフォーマンスをルーブリックを使って解釈し，評価するのである（松下，2007，pp.16-19）。

　パフォーマンス課題を評価に取り入れることで，測定することが困難な高次の学力を捉えることが期待できる。ただし，「インターネットで調べてまとめて新聞に整理しよう」といったしばしばみられる課題では，情報の羅列で終わってしまう。そのため，何のためにその評価を行うのかを教師は十分に理解しておく必要がある。そのための指針として，西岡は，米国のウィギンズ（Wigins, G.）とマクタイ（McTighe, J）らの「逆向き設計」論が有効で

あることを述べている。「逆向き設計」の骨子は，単元設計を行う際に，「教育目標（求められる結果）」「評価方法（承認できる証拠）」「学習計画（学習経験と指導）」の３つを一体として考えることにある（ウィギンズ＆マクタイ，2012，pp.21-25）。つまり，パフォーマンス課題は，カリキュラムに位置付ける見通しをもって実施される必要がある。教科教育でパフォーマンス課題を取り入れる場合，その教科の中核に位置するような重点的な目標に対応させることが有効であり，その課題に取り組める力が確実に身につけられるよう指導を組み立てることが教師には求められる（西岡ほか，2015）。

　以下では，パフォーマンス課題をどのように設定することができるのかについて，中等教育段階の世界史での教師の取り組みから具体的に考察する。

２．パフォーマンス課題はどのように行われるか

　実際にどのようにパフォーマンス課題は実施されるのか。筆者はこの原稿の執筆中，米国マサチューセッツ州で在外研究中であり，世界史の教師と教室の調査を行っていた。そこで，その成果の一部を使用し，米国の公立学校でパフォーマンス課題がどのように実施されているのかを説明したい。事例として取り上げるのは，ボストン郊外のハイスクールの１年生（第９学年）の近代世界史の１年間のコースである。教員経験２年目の教師Mary（仮名）が，全９回の授業（50分）で計画した単元４「ラテンアメリカの革命」を取り上げる。

（1）単元の最後に位置付けたパフォーマンス課題

　Maryは，世界史の授業を通して生徒が社会正義の概念を獲得することを目的としており，「ラテンアメリカの革命」の単元が，そのために適切な単元であると考えていた。この単元は，革命という概念を生徒が獲得し，その概念を使用して現代の社会を考察し，社会正義の感覚を育成することを目的としていた。この学習を評価するため，彼女はパフォーマンス課題を実施した。内容は，ラテンアメリカの３つの革命あるいは独立（ハイチでの革命，南アメリカでの革命，ブラジルの独立）を総括し，革命の概念についての自らの解釈を総括し，それぞれの革命を代表的な人物とともに整理した上で，

現代の社会問題を革命という概念から考察させるものである。このプロジェクトのルーブリックが表4-5-1である。

　表4-5-1は課題のページごとに点数を明示化した観点別のルーブリックとなっている。点数によって数値化されるとともに，「革命をやり遂げた！」

表4-5-1　ラテンアメリカプロジェクトのルーブリック

要件	革命をやり遂げた！	独立はいまだ遠い	革命は始まったばかり	ポルトガルとスペインに支配されたまま
1ページ目：ラテンアメリカにおける革命を導いた経済・社会・政治状況を説明せよ（10点）	十分に要件を満たす（10点）	部分的に要件を満たす（7点）	要件を1つ満たす（4点）	要件を満たしていない（0点）
2・3ページ目：絵と文書がある（2点） それぞれの情報源のキャプション（2点） ハイチ革命で起こったことの要約（4点） 革命に関わったあるいは影響を受けた人物の言葉（2点） トゥサン・ルーヴェルチュールの説明（2点）	12−10点	9−7点	6−4点	3−0点
4・5ページ目：絵と文書がある（2点） それぞれの情報源のキャプション（2点） 南アメリカでの革命の間に起こったことの要約（4点） 革命に関わったあるいは影響を受けた人物の言葉（2点） シモン・ボリバルの説明（2点）	12−10点	9−7点	6−4点	3−0点
6・7ページ目：絵と文書がある（2点） それぞれの情報源のキャプション（2点） ブラジルでの革命の間に起こったことの要約（4点） 革命に関わったあるいは影響を受けた人物の言葉（2点） ブラジルの革命に関与した人物の説明を含む（2点）	12−10点	9−7点	6−4点	3−0点
8ページ目：一つの地域を取り上げ次のことを説明する ・今日のそこでの生活がどのようなものか ・責任者は誰か ・革命の目標は継続したか	3つの全ての要件を十分に満たす（10点）	2つの要件を十分に満たす（7点）	1つの要件を十分に満たす（4点）	要件を満たしていない（0点）
9ページ目：5つ以上の文を含んだパラグラフを用いて次の問いに答える，「ラテンアメリカでは不公平な社会階級システムをめぐり革命が勃発した。今日，人々が同じような経験をしている例を考え，何が革命へと導くことになるのかを考察せよ」。	十分に要件を満たす（10点）	部分的に要件を満たす（7点）	わずかに要件を満たす（4点）	要件を満たしていない（0点）

（筆者による翻訳）

といった内容を踏まえたユニークな尺度が用いられている。パフォーマンスの質を評価するために「部分的（3つのうち2つ）」「わずかに（3つのうち1つ）」のような基準と要件として示される学習状況の説明が行われている。このルーブリックは，授業の中で詳細に説明され，ルーブリックそのものも生徒に配布された。

　Maryは単元の計画時に，単元を全体に関わる問いとして「人々を革命へと導くものは何か？」という大きな問いを設定している。ラテンアメリカの3つの革命は革命という概念を獲得するための事例であり，生徒がその概念のレンズを通して現代の世界の不公平や不正義を認識することを目指している。この学習の到達度を測定する課題がラテンアメリカプロジェクトと名付けられたパフォーマンス課題であり，評価する基準が表4-5-1のルーブリックである。

（2）生徒のパフォーマンスの実際

　パフォーマンス課題の実施にあたり，生徒はGoogle Slideを用いて作成した。生徒が作成したものの一部を表4-5-2に示した。表4-5-2は，Maryにとって最も重要な課題の9ページ目「何が革命を引き起こすのか」についてのある生徒の記述である。この生徒は，黒人や女性に対する不公正などの現在のアメリカの社会問題を取り上げ，それがどのように革命につながりうるかを考察している。

（3）米国の公立学校の事例から考えるパフォーマンス課題の意義と課題

　ラテンアメリカプロジェクトのパフォーマンス課題は，教師にとっては単

表4-5-2　生徒のパフォーマンスの例

革命につながる可能性があるもの
アメリカには，人々が正しく扱われていない例が常にあります。例えば，警察が，武装しているように「見える」が，実際はしていない黒人に暴力をふるったり殺してしまうことがあります。女性への不公平な服装規定もあり，女性に望むものを着る権利を与えないこともあります。女性の権利を制限する中絶を禁止する州もあります。多くの人々に影響を与えれば，群衆の怒りをもたらすことになるため，これらは全て革命につながる可能性があります。誰か一人でも立ち上がれば，革命を開始することができます。

（筆者による翻訳）

元での生徒の学習成果を確認し，生徒にとっては自らの学習を整理しどこに課題があったかを把握することができる。特に，Maryは単元の目標を現代世界の不正義や不公平を革命という概念を通して考察することを目的としていたため，それを評価するために筆記テストではなく，授業で学んできた3つの革命を整理した上で，授業では扱っていない現代世界の考察を求めることで生徒の理解を確認しようとしていた。

パフォーマンス課題を用いる意義として，実践の改善へとつながることも指摘できる。例えば，表4-5-2で取り上げた生徒は，今日の社会の問題をアメリカの国内の出来事としか結び付けていない。世界史の授業が，ナショナルな問題に収斂してしまっているのである。革命の概念をよりグローバルな現代の問題と結び付けたいのであれば，ルーブリックを修正し，さらに単元の内容を修正する必要がある。単元を実施した後のインタビューで，Maryはこの単元がグローバルなつながりに課題があることを言及していた。こうした今後の改善点を見つけることができることもパフォーマンス課題の意義である。

課題としては次の点が挙げられる。Maryが作成したルーブリックは，評価はページごとに点数化された観点別のものとして作成され，生徒のパフォーマンスの評価は質的な特徴よりも量的な特徴が尺度となっている。複数の採点者での協議ではなく，担当教員が個人で評価する場合，この方法は評価への生徒の納得が得やすいと思われるが，生徒の達成度の質的なレベルが問われにくい。もちろん生徒の記述に内容的な誤りがあれば減点されることになるが，Maryがもし生徒の質的なレベルについても評価するのであれば，少なくとも9ページ目の要件である「5つ以上の文を含んだパラグラフを用いて…今日，人々が同じような経験をしている例を考え，何が革命へと導くことになるのかを考察せよ」については，より詳細な学習状況の説明が必要となる。

3．中等社会系教科でパフォーマンス課題がなぜ必要か

（1）パフォーマンス課題を取り入れる意義

社会系教科は市民的資質を育成する教科として設定されてきたが，評価と

しては知識中心であった。パフォーマンス課題を取り入れることは，教師が育成したい市民的資質の在り方を子どもをはじめとするステークホルダーと共有できることにある。以下で，教育現場でこのことを実現していく上でのポイントを整理しておきたい。

①単元で何を評価したいのかを明確にする。資質・能力を評価するのであれば，適切な評価場面・評価方法を設定する必要がある。筆記テストで全てを測ろうとすることは非常に難しい。パフォーマンス課題は，筆記テストの意義を否定するものではないが，単元設計上の目標に応じて，適切な評価方法を採用することが必要である。

②指導と評価の一体化を意識する。評価とは生徒にとっても教師にとってもフィードバックが期待できるものでなければならない。生徒は何ができて何ができていないのか，何を改善し新たに身に付けることが必要か。教師は単元のねらいが達成されたのか。どのような改善が必要か。評価とは，教師の指導の改善と生徒の学習状況の改善につながるものであることを意識したい。

③授業を改革する。米国の事例を筆者がパフォーマンス課題の好例だとみなしたのはこの理由による。Maryの授業は，生徒を中心とした解釈中心の学習が進められていた。つまり，教師がラテンアメリカの革命を取り上げ，その政治・経済・社会の観点を整理し，板書し，生徒がノートをとるといった授業はほとんど展開されていない。教師の説明を生徒が再現できているかどうかを測ることが教師の仕事であれば，教師はその役割をAIへと譲り渡さなければならない。パフォーマンス課題の導入は，生徒を中心とした学びへと授業を変えることにつながる。

（2）パフォーマンス課題を導入する方策

最後に，中等社会系教科にパフォーマンス課題を取り入れるための方策についての私見を述べて結語としたい。

第一に，パフォーマンス課題とはこのようなものでなければならないという考えに捉われすぎないことである。ルーブリックが事前に生徒に提示され，それに基づいた評価がなされるのであれば，それに伴う意義は十分に期待できる。「パフォーマンス評価はかくあるべし」という意見に振り回され

て，教師が導入に尻込みしてしまうのは避けたい。課題のない教育実践など
ない。だからこそ，教師はどのようなパフォーマンス課題を作成するかにつ
いて同僚と相談したり，実施した課題を研究会や学会の場で報告し自らの生
徒にとってよりよいものを求めていくことに積極的でありたい。そのために
も研究会や学会の場が，パフォーマンス課題に関する定義をめぐるやりとり
に終始する場ではなく，なされた実践から何が学べるかや，実践をよりよく
するためにどういった改善が可能かなどの未来志向の議論が行われる場であ
ることが望まれる。

　第二に，中間試験・期末試験のような形態ではなく，単元ごとに評価を行
うことが望ましい。最近では中間・期末試験といった定期テストをやめる公
立中学校も登場している。授業の進度に合わせ，内容が変わる単元ごとに評
価を行うことができるように，教師が柔軟に評価を行うことができるように
する必要がある。新しい学習指導要領においても，学習評価の改善を求めら
れている。もちろん知識の獲得を重視した単元であれば，筆記テストで評価
すればよい。指導の内容に合わせて多様な評価方法が用いられるべきであ
る。生徒が自身の観点を表現することができるパフォーマンス課題は，生徒
をよりよく理解することにつながる。子どもが歴史の学びを自分と結びつけ
ることは歴史の教師であれば共有する願いであろう。それゆえに，単元の中
で積極的に導入したい。

　最後に，私が2019年度に行った調査研究で協力してくれた教師全員が単
元の途中あるいは最後に，筆記テストだけでなく，論述・模擬裁判・研究論文
の作成などの形式でパフォーマンス課題を行っていた。最も大規模なものと
して，世界史の1年間のコースの中で，環境や移民といった主題について，
生徒が各自のリサーチクエスチョンに基づいて調べたことをHPを作成する
ことで表現し，さらに夏に近隣の高校の生徒を集めて，サミットを行うと
いったグローバルな市民を育成するプロジェクトを実践している教師もい
た。本稿では，その中で最も教職経験の少ない教師が実施したものを紹介し
た。どのようなパフォーマンス課題を実施できるかは置かれた状況によって
も左右されるが，教室の学びを改革するのは教師である。

参考文献

松下佳代（2007）『パフォーマンス評価――子どもの思考と表現を評価す
　　る』日本標準。

西岡加名恵・石井英真・田中耕治（2015）『新しい教育評価入門――人を育
　　てる評価のために』有斐閣。

ウィギンズ, G.・マクタイ, J.（西岡加名恵訳）（2012）『理解をもたらすカリ
　　キュラム設計――「逆向き設計」の理論と方法』日本標準（原著
　　Wiggins, G. & McTighe, J.（2005）. *Understanding by Design, 2nd ed.*
　　VA: Association for Supervision and Curriculum and Development.）。

朝日新聞デジタル2019年7月1日朝刊21面記事。

（空　健太）

第5章

地理の教材研究の視点

Q1 系統地理学習の教材研究の視点について説明しなさい

1. 系統地理学習とは

　地理学は地表面の諸事象の認識方法から，系統地理学と地誌学に大きく二分される。中でも系統地理学は，地形，気候，集落，人口，産業などの諸事象ごと，広く地表面上にその分布を求め，地方的特殊性や一般的共通性を研究する分野である。この系統地理学の研究内容と方法に基づいた学習が系統地理学習である。

2. 学習指導要領における系統地理学習の位置づけ

(1) 中学校における系統地理学習

　日本の地理教育においては，小・中学校で主に地誌学習が行われ，系統地理学習は高校が中心となる。しかし，地誌学習と系統地理学習は相互補完的な役割を果たす。例えば，2017年改訂中学校学習指導要領の「B世界の様々な地域」「(1) 世界各地の人々の生活と環境」は，文化地理学の研究対象とする衣食住や宗教・民族などを取り上げながら，世界各地の人々の生活の特色やその変容の理由を考察する学習である。ここでは，地形や気候，宗教などに基づいた地域の代表的な事例の国を挙げ，地方的特殊性と一般的共通性を学ぶ活動ができる。また，「C日本の様々な地域」「(2) 日本の地域的特色

と地域区分」では，①自然環境，②人口，③資源・エネルギーと産業，④交通・通信の小項目から日本の地域性を理解する内容で，その取扱いにおいて，「系統的に理解を深めるための基本的な事柄で構成すること」が明記されている。ここは，各小項目を総合的に把握し，日本の地域性を理解する地誌学習でありながら，各小項目については細部にわたる事柄を扱わずに全国的な視点に立って学ぶ系統地理学習でもある。

（2）高校における系統地理学習

　高校では中学校よりも系統地理学習が重視される。例えば，2018年改訂学習指導要領の地理探究においては，「現代世界における地理的な諸事象の空間的な規則性・傾向性や関連する課題の要因を捉えるなどの学習を通して，現代世界の諸事象の地理的認識とともに，系統地理的な考察の方法を身に付けること」をねらいとする「A現代世界の系統地理的考察」が設けられている。ここは，「自然環境」「資源，産業」「交通・通信，観光」「人口，都市・村落」「生活文化，民族・宗教」という諸事象を学ぶ内容でありながら，諸事象の空間的な規則性・傾向性や関連する課題の要因を分析する方法としての系統地理学習でもある。

3．授業づくりのヒント

　系統地理学習の教材研究は，自然環境を対象とする自然地理と人間活動を考察する人文地理，それぞれを基にすることが多い。しかし，現在の社会科地理学習の中で，人文地理に比べ，自然地理の比重が少なくなっている。自然地理に関する内容は理科と関連が深い。したがって，指導計画の作成に当たっては，相互の科目の特性などを考慮して，関連や調整を図ることが大切である。

　自然地理や人文地理のように地理学の体系を重視する学習の他に，国際地理学連合・地理教育委員会の地理教育国際憲章（1992）では，課題や構造を重視する学習も系統地理学習とされる。これらの学習では，人間と自然環境との相互依存関係を扱いやすい。例えば，自然災害の学習のためには，災害発生のメカニズムという自然環境だけではなく，人間活動への影響を考慮し

防災対策までの教材研究が必要である。また，都市・村落の学習では「どのような自然条件の上に立地しているのだろうか」という自然環境に着目する問いを設定することもできる。最近，自然・経済・社会・政治という4つの観点から世界の諸課題を理解するシステム思考を取り入れた構造重視学習の実践も目立つ。

　以下，2017・2018年改訂学習指導要領において強調された五大概念—位置や分布，場所，人間と自然環境との相互依存関係，空間的相互依存作用，地域—を用いた授業づくりのヒントを示す。

① まず，ある事象に関する分布図を用いて，「それはどこに位置するのか，それはどのように分布するのか」を問うことで，事実を把握する。次に，「どのような位置関係にあるのか」「なぜそのような分布をしているのか」という問いに発展させ，その規則性を考察する。

② まず，写真や映像資料などを用いて，「どのような場所なのか」を問うことで，景観に着目させる。そして，「なぜその場所で見られるのか」，「なぜ他の場所では見られるのか/見られないのか」という問いに発展させ，地方的特殊性と一般的共通性を探る。

③ ある事象が見られる場所において，「そこの人々は，自然環境からどのような影響を受けているのか」「また，自然環境にどのような影響を与えているのか」を問うことで，人間と自然環境との関係について考える出発点とする。

④ 「そこは，他の場所とどのような関係をもっているのか」を問うことで場所の結び付きに着目させた後，「なぜ，そのような結び付きをしているのか」という問いに発展させ，空間的な関係性の要因を考察する。

⑤ 最終的に「どのような地域にすべきか」という問いを設定することで，これまで得た地理的知識と技能を活用する意思決定・価値判断・行動のための学習を行う。

参考文献

泉貴久（2019）「システム思考及びマルチスケールの視点を活用した高等

学校地理授業実践の成果と課題」『新地理』67（1），28-53。

白井哲之（2006）「地理学の諸分野」「系統地理学習と地誌学習」日本地理
　　教育学会編『地理教育用語技能辞典』帝国書院。

原芳生（2009）「自然地理的事項の重要性」中村和郎・高橋伸夫・谷内達・犬
　　井正編『地理教育と系統地理』古今書院。

（金　玹辰）

Q2 地誌学習の教材研究の視点について説明しなさい

1．地誌学習とは

　地理学の1つの分野である地誌学は，地表面の諸事象を特定の地域において総合的に考察し，その地域の個性（地域性）を明らかにする学問である。そして，この地誌学によって認識された地域性を学習することが地誌学習である。

2．学習指導要領における地誌学習の位置づけ

（1）窓方式

　1955年改訂学習指導要領以来，中学校では地域を捉える観点ことに項目（窓）を設けた窓方式による日本の諸地域学習が重視されてきた。窓方式による地誌学習では，地域性を多面的・多角的に考察し，表現する力を育成する教育的効果が期待される。しかし，すべての項目を平等に扱うため，多くの事実を羅列してしまい地域性を捉えにくくなる問題もある。2017年改訂中学校学習指導要領では窓方式は採用されていないが，Q1で言及した「（2）日本の地域的特色と地域区分」には窓方式の考え方が生きている。

（2）静態地誌と動態地誌

　窓方式は，地域性を理解するためにいくつかの項目を羅列している点で静態地誌的な性格を持ち，内容の過剰で学習負担が大きくなる問題点が指摘される。このような問題点を克服するために，1989年改訂学習指導要領の日本の諸地域学習では，「学習する地域によって各項目に軽重をつけて扱うように努める」と記されている。これは地域ごとに軽く扱う内容と重点的に扱う内容を選定する必要がある重点窓方式を採択されたことを意味する。この重点窓方式は動態地誌的な考え方である。動態地誌とは，特徴的な事象に重点を置き，他の事象と有機的に関連づけて地域をまとめる方法である。より動態地誌的な考え方が導入されたのは，2008年改訂中学校学習指導要からで

ある。2017年改訂中学校学習指導要領でも，日本全体をいくつかの地域に区分した上で，各地域の特色ある事象を中核に他の事象と有機的に関連付けて地域性を捉えることになっている。より詳しいことはQ4「日本の諸地域学習の教材研究の視点」で述べる。

（3）地誌的考察方法

系統地理学習と同様に，高校の地誌学習は学習対象として世界諸地域を学ぶことだけではなく，それら地域を地誌的に考察する方法を身に付けることをもねらいとしている。2018年改訂学習指導要領の地理探究の「C現代世界の地誌的考察」では，中学校の世界の諸地域学習における主に州を単位とする取り上げ方とは異なり，地域区分を踏まえ，様々な規模の地域を世界全体から偏りなく取り上げることになっている。また，静態地誌的考察や動態地誌的考察，さらに対照的又は類似的な性格の2つの地域を比較する考察が重視されている。

3．授業づくりのヒント

地理教育国際憲章（1992）によれば，地誌学習は地域社会（local）から地球全体（global）まで様々なスケールの地域を対象とする。学習地域を選択するにあたっては，自国・自大陸中心主義を避け，子どもの関心に基づき，地域スケールのバランスを考慮し，多様性を配慮し，生活に役にたつように選択し，様々なスケールの地域に対する行動の責任を認識できるように留意しなければならない。

地誌学習を行う際，有効な学習方法をいくつか紹介する。まず，サンプル・スタディがある。これまでの「人の顔が見えない地理」という批判に対して，1930年代のイギリスで提案された学習方法である。サンプル・スタディは，単に具体的な事例を扱うということだけではなく，学習地域において広い意味で適用できる事例を詳細に学習する方法である。そのため，次の3段階の学習過程を設ける。第1段階では，地図や写真などを利用して事例を提示し，位置づけを行う。第2段階では，提示された事例を分析し，中心的要素を抽出する。第3段階では，抽出された中心的要素をより広い地域に広げ，一般

化を図る。このように，導入部に事例研究を設け重要な事実を理解させることとともに，最終的には地理的な見方・考え方をも指導することができる。

　次に，1960年代に旧西ドイツで実践された学習方法である範例学習がある。範例学習では類似した教材すべてを教えずに，範例を基に基礎や本質をつかむようにする。ここでの範例とは，学問体系の中から選択されたものであり，探究過程に迫る典型的な具体例である。範例学習は次の4段階の学習過程を踏む。①事実の理解：類型を代表とする1つの典型的な範例を理解する。②類型の把握：他に類似する例を発見し，そこに共通に含まれる類型を把握する。③一般的な法則の推察：共通する基本的な内容を抽出し，法則を発見する。④自己発見：自己の空間的視野を広げ，思考を深める。

　最後に，日本ではあまり知られていないが，新しい地誌学習方法として注目されているフランスの地理教育のクロッキー（croquis）を挙げたい。クロッキーとは，学習課題の全体像を白地図にまとめ視覚的で分かりやすくしたもので，単純な事実に即した表現ではなく，ストーリーを話したり地理的問いに答えたりするために詳しく表現された地図である。クロッキーの作成には，与えられた課題を正確に読み解き，その課題に対する説明のための地理的知識を基に，地理的技能を用いて読み手にわかりやすく表現することが求められる。

参考文献

相澤善雄（2006）「範例学習」日本地理教育学会編『地理教育用語技能辞典』帝国書院。

朝倉啓爾（2006）「サンプル・スタディ」日本地理教育学会編『地理教育用語技能辞典』帝国書院。

荒井正剛（2019）『地理授業づくり入門——中学校社会科の実践を基に』古今書院。

鳥海公（2006）「静態地誌，動態地誌」「窓方式」日本地理教育学会編『地理教育用語技能辞典』帝国書院。

Standish, L.（2018）. The place of regional geography, In Jones, M. and D. Lambert（eds.）, *Debates in geography education,* Routledge.

（金　玹辰）

Q3　地域区分の教材研究の視点について説明しなさい

1．地域区分とは

　地域という概念は，ある程度の同質性を持ち，周囲とは区別できる地表面の一部を指す。目的と指標によって地域を区分することは地理学の重要な課題であり，地域性を理解させる地誌学習を構成する上で重要な役割を果たす。しかし，地域区分は永久的で固定されたものではなく，動くことができる柔軟なものである。

2．学習指導要領における地域区分の位置づけ

（1）日本の地域区分

　Q1で言及したように，2017年改訂中学校学習指導要領の「（2）日本の地域的特色と地域区分」では，日本を1つの地域とみなすことだけではなく，いくつかの地域に区分することにより一層明確に地域性を理解することもできる。地域には形式地域と，実質地域である等質地域と機能地域があり，それぞれによって日本をいくつかに区分することができる。例えば，形式地域による区分は，九州，中国・四国，近畿，中部，関東，東北，北海道の7地方区分が代表的である。さらに，水田単作地域，酪農地域のように同じような特色をもった等質地域による区分や，通勤圏，商圏のようにある機能を中心にその影響が及ぶ範囲をまとめた機能地域による区分もできる。このような地域区分は，日本の地域性を大観し理解する「知識」だけではなく，各種の主題図や資料を基に日本をいくつかの地域に区分する「技能」としても扱う必要がある。

（2）世界の地域区分

　2017年改訂中学校学習指導要領の「A世界と日本の地域構成」「（1）地域構成」では，州やそれらをいくつかに区分した地域などを取り上げ，世界を

大きく捉えるようになっている。さらに「B世界の様々な地域」「(2) 世界の諸地域」では，アジア，ヨーロッパ，アフリカ，北アメリカ，南アメリカ，オセアニアの州ごとに主題を設けて学習する。一方，2018年改訂高校学習指導要領の地理探究では，「C現代世界の地誌的考察」の中項目として「(1) 現代世界の地域区分」があり，世界や世界の諸地域をいくつかの地域に区分する方法やその意義などを学ぶ。ここでは，行政的な区分や州による区分といった形式地域による区分ではなく，自然，政治，経済，文化などの指標を取り上げて，実質地域としての地域の捉え方が重要である。例えば，中学校で学んだアメリカ大陸を北と南に区分することではなく，文化の指標からアングロアメリカとラテンアメリカといった区分で学ぶことができる。

3. 授業づくりのヒント

地域区分の授業では，各種の主題図や資料に基づき，地域を区分する技能を身に付けることは大切である。その際，何を指標としてどのような地域性を示したいのかによってその空間的範囲が異なることや，時間の経過によっても区分される範囲が異なってくることに留意する必要がある。また，身に付けた地域区分の技能を身近な地域の学習において適用することもできる。つまり，住宅地，官庁街，商業地区，工業地区などがどこに位置するかを把握したり，身近な地域における通学・通勤圏や買物圏を調べたりすることで，生徒の実生活から，等質地域や機能地域の概念を理解させることができる。

日本の地域区分及び諸地域学習においては，伝統的に7地方区分が中心となっている。この7地方区分を一応基本としながら，多様な地域区分の例を示すことで，地域区分の固定化を避けることが必要である。そのため，生徒自身による地域区分を行う作業活動を取り入れることは1つの方法になる。ここで，筆者が中学校社会科教育法という大学講義で使っている方法を一例として挙げてみる。まず，都道府県の境界線ありの白地図を用意し，大学生に自分が認識している東日本と西日本の境目を聞いてみる。その後，「居る」の読み方，お雑煮の味つけやおもちの形に対する分布図を提示し，明確な境界線がないことを認識させる。さらに，カップうどんの汁の味つけが東日本

と西日本によって異なることを事例としダシに昆布を使っているところとその理由を予想させる。講義の中では昆布ダシは西日本であることだけを伝え，その詳しい理由は歴史に関する別の講義で学ぶことにする。この他，「関東地方」と「首都圏」の差異は何か，三重県は近畿地方であるか，中部地方であるかも触れる。

　Q 1 で言及したように現在の地理教育は人文地理の内容が中心となっている。そこで，地誌学習の中で自然地理の内容に触れることは重要である。例えば，自然的条件で地域区分を行い，その中で人間と自然環境との相互依存関係を学ぶことが良く使われる。その代表的なものが気候区分であり，各気候地域に住んでいる人々の生活様式を学ぶことになる。しかし，自然的条件では，大気圏，水圏，生物圏，地層圏の要素が含まれ，それらを総合した生態的構造による地域区分もできる。最近の生態的構造による地域区分には都市生態系なども含まれることがある。これまでは自然環境による人間への影響が大きかったが，現在は人間による自然環境への関与が見られる時代になっている。このように真の人間と自然環境との相互依存関係を学ぶことができる生態的構造学習は持続可能な開発のための地理教育の役割を後押しするものであろう。

参考文献

相澤善雄（2006）「世界の地域区分論」日本地理教育学会編『地理教育用語技能辞典』帝国書院。

秋本弘章（2009）「地域と地誌」中村和郎・高橋伸夫・谷内達・犬井正編『地理教育と地図・地誌』古今書院。

竹内裕一（2012）「地域区分論」日本社会科教育学会編『新版社会科教育事典』ぎょうせい。

原崎茂（1970）「中学校における地理的学習のあり方」日本社会科教育学会編『地理的学習の進め方』東洋館出版社。

春名政弘（2006）「日本の地域区分論」日本地理教育学会編『地理教育用語技能辞典』帝国書院。

（金　玹辰）

Q4 日本の諸地域学習の教材研究の視点について 説明しなさい

1. 学習指導要領における日本の諸地域学習の位置づけ

　Q3で言及したように，1955年改訂以来，日本の諸地域学習は主に中学校で位置付けられ，1989年改訂までは基本的に窓方式が採用された。しかし，1998年改訂では，地域的特色を捉える視点や方法を身につけることをねらった「地域の規模に応じた調査」が設けられ，日本の諸地域学習の代わりに，2〜3の都道府県を学ぶようになった。つまり，選ばれた都道府県の調査を通して得た方法知を用いて，生徒自ら他の都道府県を見ることができるというねらいであったが，その有効性に対しては現場からの指摘が少なくなかった。

　日本の諸地域学習の内容は2008年改訂でまた大きく変わった。具体的には，日本をいくつかの地域に区分し，それぞれの地域の特色のある地理的事象を中核とし，他の事象と関連付け追究する動態地誌的な考え方が適用された。そこで，中核となる地理的事象として，自然環境，歴史的背景，産業，環境問題や環境保全，人口や都市・村落，生活・文化，他地域との結び付き，という7つが提示された。その内容の取扱いでは，学習する地域ごとに1つ選択することになっていたため，指導の観点や学校所在地の事情などを考慮して，7つよりも多くの地域区分が考えられたが，その実践においては7つの中核となる地理的事象を7地方区分された各地域を当てはめるという組み合わせが一般的であった。

　動態地誌的な考え方による日本の諸地域学習は2017年改訂でも引き継いでいる。自然環境，人口や都市・村落，産業，交通・通信，4つの具体的な地理的事象と必要に応じて設定できる地理的事象，5つを中核とし，学習地域ごとに1つを選択することになっている。このように中核とする地理的事象を柔軟に設定することができることで，諸地域の単なる知識の習得に偏重し

た学習に陥ることを避け，より動態地誌的な考え方の趣旨に沿った展開を行うことが期待できる。

2．授業づくりのヒント

　2017年改訂学習指導要領における日本の諸地域学習では，内容として7地方を学ぶことではなく，中核となる地理的事象を中心に地域性や課題を考察することが重要である。複数の地方を同じ中核とする地理的事象の学習対象とすることができる。また，同じ地方に対して異なる地理的事象を中核とすることもできる。実際に学習指導要領解説では，自然環境を中核とした考察の仕方に対しては九州地方や北海道地方を学習展開例として取り上げている。一方，東北地方に対しては人口や都市・村落と交通・通信，2つの中核を基に考察する説明が載っている。

　では，具体的にどのように学習を展開すればいいのか。まず，学習地域ごとにどの地理的事象を中核とするのかを選択することから始めよう。2008年改訂学習指導要領で挙げられた中核となる地理的事象について，教科書ではどの地方を取り上げたかを確認すると，例外に自然環境を九州，歴史的背景を北海道，環境問題や環境保全を近畿に選んだ教科書があったが，大抵の教科書が自然環境は北海道，歴史的背景は近畿，産業は中部，環境問題や環境保全は九州，人口や都市・村落は中国・四国，生活・文化は東北，他地域との結び付きは関東を選んだことが分かる。しかし，このようにある地方とその中核のなる地理的事象が固定化されることは動態地誌的な考え方の趣旨に合わない。教科書に頼らずに，各地方に相応しい中核となる事象について考えてみることが大切である。これまで筆者が行っている大学講義では，大学生が自ら7地方と7つの中核となる事象を組み合わせる作業活動を行ってきた。これからも2017年改訂学習指導要領における5つの中核に対する学習地域を7地方から選ぶ作業を行いたいが，この場合は同じ中核の地理的事象に複数の学習地域が入ることなど，より柔軟に設定させる。

　次に，中核とした地理的な事象を他の事象と有機的に関連付けて追究する学習を展開する必要がある。2017年改訂学習指導要領では，思考力・判断力・

表現力の育成と関連して，「中核となる事象の成立条件を，地域の広がりや地域内の結び付き，人々の対応などに着目して，他の事象やそこで生ずる課題と有機的に関連付けて多面的・多角的に考察し，表現すること」と記されている。例えば，産業を中核とした場合，地域の農業や工業などの産業を成立させている地理的諸条件（自然環境や交通・通信など）と関連付け考察させる。また，その地理的諸条件の変化や他地域との関係などに伴う地域の課題を踏まえることも必要である。

　社会的事象の地理的な見方・考え方を働かせた授業のために主な問いを設定することが求められている。それは日本の諸地域学習でも例外ではない。2017年改訂学習指導要領解説で示されている学習展開例でも，「なぜ仙台市周辺に人口が集中する一方で，全体的には人口が減少しているのか」，「東北地方では，高速道路や新幹線，空港や港湾の整備により，どのような変化が見られるのか」，「地域の自然環境と人々の生活や産業の営みには，どのような結び付きがあるのか」という問いを設けている。前の2つは学習地域として東北地方を取り上げた場合であり，3つ目は自然環境を中核とした考察の仕方における問いである。比較すればわかるように，先に学習地域が設定された場合は，その地域の特色が分かりやすい具体的な問いになっている。一方，中核となる地理的事象に対する問いは例として挙げた九州地方や北海道地方だけではなく他の地方にも適用できる。抽象的であるが，汎用性は高い。そこで，全体のカリキュラムでは中核となる地理的事象に対する抽象的な問いを設定した後，個別学習ではその問いをより具体的な問いに換えることを勧める。

参考文献

青柳慎一・平澤香・藤崎顕孝（2009）「日本の諸地域」中村和郎・高橋伸夫・谷内達・犬井正編『地理教育と地図・地誌』古今書院。

荒井正剛（2006）「日本の諸地域の学習」日本地理教育学会編『地理教育用語技能辞典』帝国書院。

井田仁康編（2013）『究極の中学校社会科——地理編』日本文教出版。

八田二三一（2005）「山形県の調べ学習から東北地方の地誌を組み立てる」
　　　山口幸男・清水幸男編『これが新しい地理授業の現場だ』古今書
　　　院。
山口幸男編（2011）『動態地誌的方法によるニュー中学地理授業の展開』
　　　明治図書出版。

（金　玹辰）

Q5 世界の諸地域の教材研究の視点について説明しなさい

1. 地理学習の醍醐味

　「所変われば品変わる」ということわざがある。土地ごとに，習慣や文化・風俗・産物などが異なるということである。また，同じものでも場所によってとらえ方や扱い方が異なることもある。こうした事象を，様々な地域スケールの枠組みのなかで，地形や気候といった自然環境を舞台にして，どのような産業や文化などといった社会環境が成り立っているのか。そしてその両者の相互依存関係をふまえて世界各地の地域的特色や地球的課題の解決に向けて考察するのが，地理学習の基本であり，醍醐味でもある。

2. 中等社会科地理における世界の諸地域学習の枠組み

　中等社会科の地理学習においては，日本の諸地域のみならず，世界の諸地域を学ぶことが求められている。2017（平成29）年版学習指導要領による中学校社会科地理的分野では，大項目B「世界の様々な地域」に，（1）世界各地の人々の生活と環境，（2）世界の諸地域の2つの中項目が設定されている。ここでは，世界各地の人々の生活の特色や変容，そして州ごとに地域的特色やそれらを反映した地球的課題について学ぶ単元が設定されている。一方で，新設される高等学校地理歴史科「地理総合」では，大項目B「国際理解と国際協力」に（1）生活文化の多様性と国際理解，（2）地球的課題と国際協力の2つの中項目が設定されている。ここでは，系統地理的学習，地誌的学習といった従来の単元設定によらず，生活文化の地域的特色を見出したり，地球的課題の世界的な広がりを大観するなどの主題を設定する学習が想定されている。また，「地理探究」では，大項目B「現代世界の地誌的考察」に（1）現代世界の地域区分，（2）現代世界の諸地域の2つの中項目が設定されている。ここでは，（1）で設定した様々なスケールの地域区分や指標に

基づいて，（2）の諸地域を学んでいくことが想定されている。したがって，2018年版高等学校学習指導要領地理歴史科解説編で指摘されているように，中学校社会科地理的分野の州ごとの「世界の諸地域」学習と，高等学校地理歴史科「地理総合」および「地理探究」の学習が，同じ内容の繰り返しや重複にならないように配慮する必要がある。

3．教材研究の視点

「地理」を英語では「Geography」というが，原義をたどると「Geo ＝ 土地」，「Graph ＝ 記録する」となり，「土地の状態を記録する」という地誌学的な側面が学問的な出発点であることが伺える。ある地域の状態を描写する際には，舞台となる自然環境があって，地形や気候の条件を反映した産業が成立し，人々の生活文化が形づくられている。「空気は温められると密度が小さくなり軽くなる」といった自然界の法則は，世界各地で変わることがない普遍的なものである。逆説的であるが，このような普遍的な自然界の法則が，世界各地の諸条件によって作用の仕方が異なり，結果的に世界各地でバラエティーに富んだ自然環境をつくりあげているという点は非常に興味深い。さらに，歴史的背景も含めて経済や宗教などの要素も加えて考察すると，より深い地域的特色が見い出せる。社会科学や自然科学などの隣接諸科学との接点が多分にある地理の学習においては，理科や歴史，公民などとの連携は欠かせない。しかし，授業のなかで自然環境，産業，生活文化を羅列的に扱うようでは，自然・社会システムや相互依存関係の理解には到達しない。「問い」を起点としたストーリー性を持った授業展開を工夫することが肝要となる。

「なぜタイでは象が特別な存在なのか」という問いに迫ってみよう。仏教では，白い象がブッダの化身と信じられており，現在では白い象は国王の象徴にもなっているなど，タイで信仰されている仏教との関連で象が大事にされてきた経緯がある。また，ジャングルでの林業を行う際の林業者の移動手段として重宝されてきた。タイのジャングルは，熱帯モンスーン気候の影響で乾季に落葉するため，太陽光が地表まで届き，つるや低木などの下草が繁

茂して，非常に歩きにくい環境であったことも象を林業で利用した一因であるという。近年では，乱伐の禁止や熱帯林保全の動きなどを受けて，林業での活躍の場が減少してしまったが，人と生活をともにしてきた象は観光客を乗せて喜ばせるというアトラクションとしての活路を見出し，全国の観光産業を支える重要な観光資源になっているという。以上のように，タイにおける象というトピックから，宗教，気候，植生，産業のように多角的・多面的に事象を関連付けて考察することができる。

参考文献・URL

文部科学省（2017）『中学校学習指導要領（平成29年告示）解説 【社会編】』。

文部科学省（2018）『高等学校学習指導要領（平成30年告示）解説 【地理歴史編】』。

JTBタイ支店（2014）『タイの人々とゾウの深いつながりを知る（JTB現地レポート）』

https://www.jtb.co.jp/kaigai_guide/report/TH/2014/07/thai-elephant.html（2020年4月2日閲覧）。

（今野良祐）

Q6　世界の生活文化の多様性の教材研究の視点について説明しなさい

1．はじめに

「みんなちがって，みんないい」詩人・金子みすゞの「私と小鳥と鈴と」の最後の一節である。世界78億人の生活文化は実に多様で，そこに良し悪しや上下関係などは存在しえない。冒頭の詩のような多文化共生や尊重の実現に向けた生活文化の多様性の学習が求められている。

2．中等社会科地理における世界の生活文化の多様性学習の枠組み

2018（平成30）年版学習指導要領による中学校社会科地理的分野では，項目として生活文化が出てくることはないものの，大項目Ｂ「世界の様々な地域」に，(1) 世界各地の人々と生活と環境，(2) 世界の諸地域において，世界各地の人々の生活の特色や変容について取り扱うことになっている。高等学校地理歴史科「地理総合」においては，大項目Ｂ「国際理解と国際協力」に (1) 生活文化の多様性と国際理解が設定されている。また，「地理探究」では，大項目Ａ「現代世界の系統地理的考察」(5) 生活文化，民族・宗教が設定されているが，「地理総合」での学習成果をふまえて，取り上げる事象を工夫するように求めている。従前の高等学校「地理Ａ」では「生活・文化」と表記されていたところが，「地理総合」「地理探究」では「生活文化」と改められている。より文化そのものの理解に迫る構造にシフトしている。そして，世界の生活文化の多様性を学んだうえで，異質な他者との共存や尊重などの異文化理解・多文化共生の資質・能力を育んでいくことが求められている。

本単元では，自然地理，人文地理などの様々な系統地理的学習の項目が立ち並ぶことが想定される。しかし，地形や農業などの系統地理的学習の項目

を羅列的に取り上げるだけでは，本単元の趣旨は達成できない。そこで1時間の授業を，あるいは単元を貫く「問い」の設定が重要になる。そこで問われる知識についても，「説明的知識（Why：原因と結果によって説明されるもの）」を問う「なぜ疑問」から授業を始めて，「記述的知識（What：事実によって得られるもの）」や「分析的知識（How：影響や過程について説明したもの）」を用いた「問いのブレイクダウン」によって徐々に授業冒頭の問いに対する核心に迫るなど階層構造を意識する。1授業時間や単元レベルで習得すべき知識と問いの階層性について，教材研究の段階で整理しておくとよいだろう。

3．東に行くほど寒くなる？ヨーロッパの生活文化の地域差

　ヨーロッパの気候は，地域差とその要因が明瞭で教材として扱いやすい。ロンドンは北緯51度，パリは北緯48度，マドリードは北緯40度に位置しており，概してヨーロッパの主要都市は日本のそれよりも高緯度に位置している。ところが気候区分でいうと日本の大部分と同じ温帯に区分される。通常，高緯度になればなるほど寒冷な気候となるが，ヨーロッパ西岸を北大西洋海流という暖流が北上しており，さらに偏西風がその影響をヨーロッパの内陸まで運んでくれることによって，高緯度のわりに温暖な海洋性気候が形成されるのである。大西洋に面しているノルウェー沿岸では，北緯60度の高緯度にかかわらず温帯気候になっており，ナルヴィクなどの不凍港もある。一方で，バルト海やボスニア湾はスカンディナヴィア山脈によって偏西風がもたらす海洋の影響を受けにくく，冬季には結氷してしまう。そのため，スウェーデンのキルナ鉱山の鉄鉱石は，ボスニア湾に面したルレオ港ではなく，ノルウェーのナルヴィク港を積み出し港として利用することが多い。

　上記の例のように，ヨーロッパでは，東に行くほど海洋の影響を受けにくく寒暖差が大きくなる大陸性気候が広がる。こうした気候の地域差は農作物の地域差にもつながる。小麦を中心とした穀物を主食とするヨーロッパ諸国において，得意とする穀物が地域の気候によって異なるのである。混合農業が盛んなフランス・ドイツ・ポーランドの3カ国の気候は，内陸に行くにつれ

て寒冷な冷帯気候になっていく。それにともない小麦よりも乾燥に強く耐寒性を持つ大麦やライ麦・えん麦などの比重が大きくなっていく。ドイツでは大麦を利用したビールが人気であるし，ライ麦やえん麦の生産が盛んなポーランド以東の地域ではそれらを原料とするウォッカの文化が根付いた。ヨーロッパでは，EU加盟国間は関税なしで流通可能なため，気候や土地条件などの自然環境に適した農作物を栽培する適地適作が進められており，諸外国との競合に打ち勝つために，農業の大規模化や専門特化を図るようになった。

参考文献

加賀美雅弘（2019）『食で読み解くヨーロッパ ——地理研究の現場から』朝倉書店。

（今野良祐）

Q7 地球的課題と国際協力の視点について説明しなさい

1. SDGs の達成に向けて

持続可能な社会づくりの必要性が叫ばれている。地域社会や国，州など様々なスケールで課題が山積し，社会の持続可能性が危ぶまれているからである。なかには，地域的な特性を伴いながらも地球規模で課題が展開し，1国の努力だけでは解決が難しく，世界全体で協力して課題の解決に取り組まなければならない課題も多い。国連は2016年に地球規模で広がる解決すべき課題を17個に分類した「持続可能な開発目標（SDGs）」を定めており，世界各国の政府，企業，NGO や NPO などは，SDGs の達成に向けた様々な施策に取り組んでいる。中等社会科地理学習において取り扱う項目は，SDGs との関連性が強いものが多く，地球的課題の学習の切り口として大いに活用できる。知識，思考力・判断力・表現力を身に付ける学習に留まらず，SDGs の達成に寄与する学習の工夫が求められている。

2. 中等社会科地理における地球的課題と国際協力学習の枠組み

中等社会科地理においては，地球環境問題，資源・エネルギー問題，人口・食料問題，居住・都市問題が地球的課題として例示されている。しかし，中学校と高等学校では，その扱い方に違いがあり，住み分けがなされている。

2018（平成30）年版学習指導要領による中学校社会科地理的分野では，大項目 B「世界の様々な地域」(2) 世界の諸地域のなかで地球的課題が取り上げられることになるが，それが見られる地域の地域的特色の影響を受けて，現れ方が異なることを理解する程度に留めるようになっている。高等学校地理歴史科「地理総合」においては，大項目 B「国際理解と国際協力」に(2) 地球的課題と国際協力が設定されている。一方「地理探究」では，地理

総合での学習成果をふまえて重複を避ける観点から地球的課題と国際協力について取り扱う中項目は設定されていない。大項目A「現代世界の系統地理的考察」(1) 自然環境，(2) 資源，産業，(3) 交通・通信，観光，(4) 人口，都市・村落，(5) 生活文化，民族・宗教，そして大項目B「現代世界の地誌的考察」(2) 現代世界の諸地域の各中項目のなかで，関連する地球的課題の要因や動向などを多面的・多角的に考察し，表現することとされている。

3. 地球的課題と国際協力学習の学び方

　地球的課題について，因果関係を説明できるようになり，実際取り組まれている国際協力の様子について理解するなど，知識の習得や表現するのみで学習を終えてはならない。しかし，アフリカの貧困問題を自分自身と結び付けて解決に向けて行動化を図るほど，問題は単純ではないのも実情である。発展途上国などの地球的課題を地域の特性に応じて生じている事象として地誌的にとらえるのではなく，焦点を当てる地域を世界の経済や産業などのパワーバランスに翻弄される一地域としてとらえ，日本を含めた先進国との関係において事象を考察することが肝要である。そして，それらの問題を解決するために取り組まれている国際協力について，他人事として終わらせるのではなく，私自身を含めた社会全体がどうあるべきなのかを構想していくことが必要である。例えば，アフリカでレアメタルの採掘をめぐって民族同士の争いが激化したり，ゴリラなどの野生生物の住処が奪われるなどの問題が生じている。その背景として，経済発展のために外資の獲得を目指した現地の政策であったり，私たちが普段利用しているスマートフォンの金属部品としての需要増加があるという。私たちの生活が遠くアフリカの問題を引き起こしているとして，不用意なスマートフォンの買い替えを無くしたり，リサイクルを進めたりと私たちにもできる選択肢はある。まさに「Think Globally, Act Locally」につながる学習が求められている。

　こうした地球的課題に関わる学習に早くから取り組んできた「開発教育」に学べる点が多くある。「開発教育」は1960年代のイギリスでの途上国支援への広報活動を起源とするが，南北格差の拡大や地球環境問題の進展などを

受けて，公正な地球社会の創造や持続可能な開発のあり方についての学習に
シフトしてきた。また，学習者が当事者の立場になって考える「ロールプレ
イ」や現実社会の問題構造を体験的に理解する「シミュレーション」など参
加型学習の手法を積極的に取り入れて，主体的・対話的で深い学びが実践さ
れてきた。学びの成果を用いて行政などに訴える「アドボカシー（政策提
言）」など，実際のアクション（行動化）まで含めたカリキュラム展開の試
みも見られる。

参考文献

田中治彦ほか編（2016）『SDGsと開発教育——持続可能な開発目標のため
　　の学び』学文社。

（今野良祐）

Q8　自然環境と防災の教材研究の視点について説明しなさい

1．中学校社会科地理的分野

（1）自然環境

　中学校では，世界の人々の生活とその変容，我が国の地形と気候の特色，自然環境の特色ある事象を中核とした人々の生活や産業との関連についての学習で自然環境が重点的に取り扱われる。この学習では，①地形や気候の地域による違いと，②自然環境と人々の生活との関わりをとらえさせることが重要である。①については理科的内容をどの程度取り扱うかが問題となるが，地域的特色を理解する上で必要な程度にとどめる。②については環境が人々の生活を決定する環境決定論や人々が環境を自在に変えられる環境可能論に偏りすぎないようバランスをとる。環境と人々の生活は変化することにも気付かせたい。授業では景観写真と主題図を用い，特色ある自然環境をもつ地域の共通点や相違点を見いだす学習活動が想定されるが，防災や環境問題の学習内容にもふれたい。

（2）防災

　中学校では，自然環境の学習内容と関連する自然災害と防災の取組をみていくが，防災の取組では，発災時の災害情報の提供，被災者の救援救助，避難所の設営，支援物資の輸送など，住民の生命や安全の確保のために活動していることも取り上げる。

2．高校地理歴史科

（1）自然環境

　「地理総合」では，世界の人々の生活文化の多様性と変容，自然災害についての学習で自然環境が重点的に取り扱われる。世界の人々の生活文化の学習では，自然環境だけでなく，歴史的背景や産業など社会環境も関連付ける。

「地理探究」では，地形，気候，生態系などに関わる諸事象について，それらの空間的な規則性と傾向性，地球環境問題の現状や要因・動向を，地図やグラフなどから読み取り，インターネットや新聞記事を利用して問題の解決に向けた取組に関する情報を得る。気候では，気候因子や大気現象が地域性の形成に影響しているが，気候要素をもとに各地の気候と人々の生活を結びつける。

（2）防災

「地理総合」では，国内外の自然災害（洪水，土砂災害，地震災害，津波災害，風水害，火山災害など）を比較しながら，自然災害の規模や頻度，発生原因，地域性を踏まえた備えや対応の重要性を理解させる。わずかな地形条件の違いにより，自然災害の被害に大きな違いが生じることに気付かせる。地形は形態，成因，広がりから分類できるが，本質的な地形の性質を理解するには地形の形成過程を学習する必要がある。

授業では，様々な自然災害に対応したハザードマップ（利用目的は危険な場所，避難場所，避難経路を確認し安全性を評価する）や新旧地形図（「地理院地図」や「今昔マップ」），土地条件図，地形分類図，空中写真，景観写真などを利用し，観察や野外調査を行い，情報を収集して読み取り，まとめさせる。災害は土地利用や開発の歴史など人間活動と関わり，被害の程度は人口や施設などの集中度により地域差が見られる。過去の災害に関する資料から，発生場所や規模，復旧までの経緯，取られた対策をまとめる。自然災害の危険度は変動するが，河川改修や建物の耐震化によって自然災害を完全には防げないことにも気付かせる。当該地域の自然的条件や社会的条件との関連性を踏まえながら，他の地域と比較し，共通点や相違点を整理して，持続可能な地域づくりを軸とした自然災害への備えや対応についても考えさせる。自然災害伝承碑にも着目したい。野外調査では，災害発生時に地域がどうなるか，どう行動すればよいかをイメージし，災害を回避する行動が取れる知識と知識を獲得する技能を養い，防災意識を高める必要がある。

参考文献

日本社会科教育学会編（2012）『新版社会科教育事典』ぎょうせい。

日本地理教育学会編（2006）『地理教育用語技能事典』帝国書院。

文部科学省（2018）『中学校学習指導要領解説社会編』東洋館出版社。

文部科学省（2019）『高等学校学習指導要領解説地理歴史編』東洋館出版
　　　社。

（國原幸一朗）

Q9 身近な地域（生活圏）の調査の教材研究の視点について説明しなさい

1. 中学校における身近な地域の調査

「身近な地域」は，学区域をもとに生徒の日常の生活圏や行動圏を考慮して設定することができる。観察や野外調査，文献調査を通して，それぞれの視点や方法，地理的なまとめ方の基礎を理解する。観察では景観をみるが，景観は現実そのものであり，そこからどのような事象に着目し，位置や分布とのかかわりでどうとらえるか，地理的事象としてどう見いだすかといった能力を養う必要がある。そのために指導者が自ら体験する必要がある。野外調査では，生徒の安全面への配慮と地域の方に対する挨拶，聞き取り調査を行う場合は調査目的に沿った会話ができることを事前に指導しておく必要がある。

教材研究の視点としては，①観察対象の焦点化，②調査方法の吟味，③文献資料の収集，④地理的なまとめ方があげられる。①では適切な主題が設定できるかが重要となる。生徒の関心事や生活とのつながりがあり，具体的で調査資料が得やすく地図に表現しやすいものかも検討し，調査のねらいを定める。②では調査項目の選定とそれぞれの項目の調査方法を確認する。③では学習で使用すると想定される文献の入手先と内容を調べておく。②と③は学校の所在地によって異なり，これがうまくできないと④がスムーズに進まない。地理的なまとめ方とは，様々な資料を的確に読み取り，主題図を作成して傾向性や規則性を見いだし，地形図や関係する主題図，グラフや表と見比べ，地理的事象を成り立たせている要因を調べ，地域的特色としてまとめることである。

①から④を通して，資料を適切に選択，活用して地理的事象を多面的・多角的に考察し公正に判断するとともに適切に表現する能力や態度を育てる。観察や調査を通して，生徒の生活する地域への理解と関心を深めるととも

に，地域の課題を見いだし，地域社会の形成に参画しその発展に努力しようとする態度を養うことをめざす。地域の調査を通してどのような事象を見いだし事象間の関連を発見できるか，地理的な探究の面白さを実感できるかが重要となる。

２．高校における身近な地域（生活圏）の調査

「地理総合」の「生活圏の調査と地域の展望」では，地理的な課題の解決に向けた取組や探究する方法について理解することを目指し，生活圏内や生活圏外との結び付き，地域の成り立ちや変容，持続可能な地域づくりに着目して，①主題を設定し，②地域調査を実施して，③課題解決に求められる取組を考察・構想・表現することが求められている。①で取り上げる主題は，生徒の生活圏に見られる身近な課題で，生徒が探究しやすく興味関心を持てるものかを検討する。②の地域調査は文献調査と野外調査に分けることができるが，野外調査は「調査型」と「巡検型」に区分できる。調査型は目的と調査方法が明確であるが，多くの授業時間が必要である。教員が予め観察ポイントを設定する巡検型は，授業時間数は少なくてすむが，様々な事象を取り上げるため観察の焦点がぼやけるおそれがある。一度学校周辺を歩いて，どのようなワンポイント巡検（１時間）が可能かを考えてはどうか。調査の前には地域の概要や課題をつかむ事前調査，仮説設定，調査計画作成が必要で，とくに仮説については指導者も予め考えてみる必要がある。その後，調査の整理・分析，仮説の妥当性の検討，仮説修正や新たな課題の設定を経て，③の取組の考察・構想・表現に至る。ここが最も重視されなければならないが，学習指導要領解説の記述は少ない。しかしグループ学習やゲストティーチャーの活用など様々な学習展開が考えられる。

参考文献

日本社会科教育学会編（2012）『新版社会科教育事典』ぎょうせい。

日本地理教育学会編（2006）『地理教育用語技能事典』帝国書院。

文部科学省（2018）『中学校学習指導要領（平成29年告示）解説　社会編』

東洋館出版社。

文部科学省（2019）『高等学校学習指導要領（平成30年告示）解説　地理
　　歴史編』東洋館出版社。

松岡路秀・今井英文・山口幸男・横山満・中牧崇・西木敏夫・寺尾隆雄（2012）
　　『巡検学習・フィールドワーク学習の理論と実践』古今書院。
（國原幸一朗）

Q10　地図や地理情報システム（GIS）の教材研究の視点について説明しなさい

1．地図・地理情報

　中学校では，地図（地球儀を含む）は，緯度と経度，大陸と海洋の分布，主な国々の名称と位置，我が国の国土の位置，都道府県の名称と位置（県庁所在地含む），世界各地との時差，領域地域調査，など位置や分布に着目してあらゆる場面で利用する。地図や地理情報を活用する技能を地理的技能というが，この技能は一時的な学習や経験で身に付くというものではなく，定期的に活用を繰り返す中で習熟度が高まっていくため，難易度や段階性に留意して系統的に指導できるよう工夫する。地図の活用に関する技能としては，地図を用いて目的地にたどり着ける，地名の位置が確認できる，地図を用いて地理的事象をとらえ追究できる，調査結果や統計を地図に示す，略地図を描いて諸事象を説明できることなどがあげられる。地名を覚え，美しく地図を描くだけの学習活動にならないよう配慮する必要がある。位置と分布に着目して，地図の利用目的や用途，内容，適切な利用方法を整理し，説明できるようにする。地図帳を地名の位置探しの道具としてだけでなく，何を関連づけるかも考える。地理情報の1つである風景写真は観察力や学習への興味関心を高め，イメージを形成する役割がある。写真を読む視点や景観要素間の関係について整理し，生徒への問いを考え，写真資料の収集や作成に努める。

　高校「地理総合」では，位置・範囲・縮尺に着目して，方位（球面と平面では方位や位置の関係が異なる場合があることを理解させる）や時差（世界の人々の生活や経済活動などに影響を与えていることを理解させる），日本の位置と領域，国内や国家間の結び付き，地図と地理情報，地理情報システム（以下，GIS）の利用目的・用途・内容・活用方法について理解させるが，表示する内容によって地図表現を適切に選択することが大切であることに気付かせる。リモートセンシングの画像は，視覚的な表現で興味関心を喚起し理解

を促す。地図と地理情報システムの技能の習得だけでなく，それらが日常生活の様々な場面で持続可能な社会づくりのために果たしている役割やその有用性に気付かせたい。

２．地理情報システム（**GIS**）

GISは，人工衛星や実際の現地調査などから得られるデータを記録・編集し，コンピュータの地図上に表示・検索できるようにしたシステムで，表示する地図を拡大・縮小し，必要な場所の地図を閲覧できる。新旧の地図を重ねたり並べたりでき，地域の時間的変化を定量的にみることも容易である。インターネットから得られる地理情報を集計・分析し結果を表示することもできる。多くの情報を整理・分析でき，視覚的に分かりやすく地図に表示できる。授業では主題図を重ね合わせるオーバーレイがOHPの延長としてよく利用されている。この他，ある点を中心にして円を描くバッファー分析，条件に合わせ地区を分割するボロノイ分割もあるが，あまり利用されていない。地図サイトや統計サイトとして，内閣官房（まち・ひと・しごと創生本部事務局）及び経済産業省の「地域経済分析システム（RESAS)」，総務省統計局の「政府統計の総合窓口（e-Stat)」，国土地理院の「地理院地図」，地形の起伏を鳥瞰図として捉えた地図ソフト「カシミール３D」（杉本智彦氏開発），主題図作成に適する「MANDARA」と新旧地形図を対比して閲覧できる「今昔マップ」（いずれも谷謙二氏開発）がある。ソフトの基本操作を理解し，授業での利用をイメージできる必要がある。

参考文献

中村和郎・高橋伸夫・谷内達・犬井正（2009）『地理教育講座　第３巻　地理教育と地図・地誌』古今書院。

日本社会科教育学会編（2012）『新版社会科教育事典』ぎょうせい。

日本地理教育学会編（2006）『地理教育用語技能事典』帝国書院。

文部科学省（2018）『中学校学習指導要領解説　社会編』東洋館出版社。

文部科学省（2019）『高等学校学習指導要領解説　地理歴史編』東洋館出版社。
（國原幸一朗）

第**6**章

歴史の教材研究の視点

Q1　「歴史の扉」など歴史授業の導入に関する教材研究の視点について説明しなさい

1．歴史授業の導入の役割と教材研究の視点

歴史授業の導入として，中学校では「歴史との対話」，高等学校では「歴史の扉」が設けられた。その役割は2つあると考えられる。第1に，歴史を探求するための基本的な技能や態度を身につけさせることである。第2に，なぜ歴史を学ぶのか，その意味を考えさせることで，その後に続く各時代の内容を意欲的に学習できるよう動機づけることである。

歴史に学ぼうとする意欲を喚起するには，歴史を現在の生活や自己と関係のあるもの，すなわち自分事として捉える感覚を育みたい。これが歴史授業の導入に関する教材研究の視点になる。

2．歴史を自分事として捉える感覚を育む

現在の暮らしの中にも歴史は息づいている。例えば，惣領分，庶子分という中世の社会構造が地名として今に残っている地域がある。生徒の生活圏からこうした歴史に由来する地名を見つけることができれば，現在と歴史がつながっていることを実感させ，歴史を学ぶ面白さを伝える教材になる。

歴史が自分事になる瞬間がある。防災など，現在の切実な関心から歴史に学ぼうとする時だ。学校周辺の古い地形図は格好の教材である。いま住んでいる

地域に古くから集落が築かれていたかどうかを知ることで，比較的安全な場所なのかどうかを把握することができるからである。歴史博物館に展示されている江戸時代の地図なども同様である。いま住んでいる地域が江戸時代から村として在ったことを知ることで，現在の生活と歴史とのつながりを感じられる。

歴史と自己とのつながりを実感させるには，生徒の家庭状況に配慮しつつ，自分史や家族史を作成させるのも有効ではないか。その年に流行した言葉や歌，映画などを記した市販の年表，当時の写真や新聞記事などが教材になる。自分史を書く過程で，歴史に関わる情報を資料から読み取る，年表にまとめる，といった歴史学習の基本的な技能を学ばせることができる。自分史をいくつかのライフステージに区分させることで，時代区分の考え方に慣れ親しませることもできる。

さらに日本や世界の出来事と自分史をリンクさせる学習を通して，その中で生き，影響を受けてきた社会を意識し，社会的存在としての自己を自覚することができる。生い立ちや生前のことを両親や祖父母にインタビューして自分史を家族史に拡げれば，脈々と続いてきた命のリレーによってこの世に存在している，歴史的存在としての自己を発見する契機ともなる。

3．社会科教育としての歴史授業を見据えた教材研究

社会的存在，歴史的存在としての人は，過去に縛られ，社会の趨勢に翻弄されるばかりではない。自らも歴史を創っていく主体として，社会をより良く改善していこうとする意志を持ち，行動に移していくのが社会の形成者である。「歴史教育者は，そこに『ある歴史』を教えるのでなく，子どもを通して，何かを歴史にしていくのである」と酒井忠雄はかつて述べた。社会科教育としての歴史授業では，歴史に学んだことを現在の生活や人生に活かそうとする姿勢を育むことが重要である。歴史授業の導入においても，このような視点を忘れずに教材研究を行いたい。

参考文献

五味文彦・鳥海靖編（2017）『新 もういちど読む山川日本史』山川出版社。
酒井忠雄（1961）『歴史教育の理論と方法』黎明書房。　　　　（藤井大亮）

Q2　近世までの日本とアジアの歴史に関する教材研究の視点について説明しなさい

　近世までの日本とアジアの歴史について教材化する時，中国・朝鮮との交流はもちろんのこと，正倉院宝物に見る西アジアや南アジアとの交流，奥州藤原氏にみる国際性，17世紀初めの東南アジアでの日本町の形成も見逃すことができない。アジア地域における交流の歴史について広く考察させたい。

1．正倉院宝物に見る西アジア・南アジアとの交流

　正倉院宝物とは，聖武天皇と光明皇后の発願になる東大寺の倉であった現在の正倉院の校倉に伝えられてきた什宝類のことである。絵画，書跡，織物，金工，漆工，木工，刀剣，陶器，ガラス器など，その種類は多岐にわたるが，中には，現存する世界で唯一の五弦琵琶「螺鈿紫檀五絃琵琶」や，1400年ほど前のペルシャでつくられたガラス器「白瑠璃碗」など，遣唐使が唐から持ち帰った西域の名品が数多く含まれ，そのことから，正倉院は「シルクロードの終着点」とも位置付けられる。また，献納物の品目・形状を書いた目録としてまとめられた『東大寺献物帳』が現存することから，その由緒，来歴が確かであることが特徴的であることに加えて，東南アジア・インド産のものが豊富に使用されていて，宝物にみる意匠図案も中国はもちろん，遠く西方のものがあり，8世紀の世界各地の文物が正倉院宝物に凝縮されている。そうした点から，天平文化における西アジア・南アジアとの交流のあり方について，正倉院宝物を通じて認識させることが可能となる。

2．奥州藤原氏にみる国際性

　平安時代末期，奥州藤原氏は，藤原清衡・基衡・秀衡の三代にわたって，平泉を本拠に，奥羽全域を支配した。藤原氏は，当地における金や馬などの産物の富を背景に，国内はもとより，海外との交流も積極的に行っている。藤原基経は，毛越寺の本尊制作を依頼した仏師への礼物に，円金100両，駿馬

50疋に加えて沿海州・サハリン経由の鷲羽や水豹（アザラシ）の皮などをあてている。また，博多から流入された中国産の大量の白磁製品が平泉で発掘されるほか，中国産物の唐物や，象牙・犀角・紫檀材などの南海貿易の品々も，平泉にもたらされた。中尊寺金色堂の螺鈿装飾の夜光貝は，産地である奄美群島から薩摩西岸の貿易港を通じて博多を経由し，平泉に運ばれたと考えられている。博多から，平泉の海の玄関口である石巻湊や気仙湊にいたる経路は，中国の貿易港寧波と平泉を直接結ぶ経路でもあった。一地方政権とも捉えられがちな奥州藤原氏は，国の枠を越えた多様な文化交流を担っていた。奥州藤原氏の事例の掲出は，畿内を中心とした一面的に捉えられがちな古代国家像について，認識を一新させるものとして位置付けることができる。

3．日本町の形成

　日本町とは，17世紀初めごろから末まで，東南アジア各地に形成された日本人居留民の町の呼び名である。朱印船貿易が盛んになっていく中で，出国した日本人総数は延べ10万人以上ともいわれ，その行先は，ルソン（フィリピンのルソン島），トンキン（現在のベトナム北部），カンボジア，タイなどで，生糸，鹿皮，鮫皮などの商品を扱う商人や，失業者，追放キリシタン等もいた。渡航者の一部が現地に残り，ベトナム中部のフェフォ（現在のホイアン），ツーラン（ダナン），タイのアユタヤなど7カ所に，日本町が形成された。日本町の最盛期には，7カ所で総計5,000人以上に達したという。日本町は，多くの場合，自治権を得て，日本人から頭領が選ばれた。アユタヤの頭領であった山田長政は，南方リゴール州の太守（長官）にも任命されたが，政争で毒殺された。日本町は，いわゆる「鎖国」以前の，日本と東南アジア諸国との積極的な交流のあり方を示すものとして掲出する意義がある。一方で，山田長政が，アジア・太平洋戦争開戦にあたって，「大東亜共栄圏の理想を体現した南進の英雄」として新たなイメージ化がなされ，小学校教科書にも特筆されたように，アジアとの交流の歴史が，戦争遂行を正当化させるに至った経緯にも着目させる必要がある。

参考文献

岩生成一（1966）『南洋日本町の研究』岩波書店。

斉藤利男（2011）『奥州藤原三代』山川出版社。

土屋了子（2003）「山田長政のイメージと日タイ関係」早稲田大学アジア
　　　太平洋研究センター出版・編集委員会『アジア太平洋討究』5巻，
　　　pp.97-125。

米田雄介（2010）『奇蹟の正倉院宝物』角川学芸出版。

（須賀忠芳）

Q3 近現代の日本と世界に関する教材研究の視点について説明しなさい

　近現代の日本と世界について教材化する時，近代化する日本と世界の情勢の中で，透徹した視線で，その状況を見極めていた人物像を取り上げてみたい。本項では，柳宗悦と宮崎滔天，小泉八雲に焦点をあてることとする。

1．柳宗悦の朝鮮へのまなざし

　哲学者，民芸運動の創始者として知られる柳宗悦は，朝鮮の植民地統治が展開され，その同化主義政策が進められていく中で，その動きに強く抵抗した人物の一人であった。柳は，朝鮮在住の浅川伯教・巧との交流から朝鮮白磁などその優れた工芸品を高く評価し，朝鮮民族美術館をソウルに設立するとともに，東京で朝鮮民族美術展覧会も開催した。1919年の三・一独立運動に際しては，「朝鮮人を想う」（『読売新聞』1919年5月20日から24日付），「朝鮮の友に贈る書」（『改造』1920年6月号）を発表し，日本の朝鮮政策を批判した。柳は，「他人の立場にも立ち，それに同情し同感する余裕を有さねばならぬ」とし，当時の日本人の多くが持ちえなかった，朝鮮人の立場に自分の立場を置き換えて発想することの意義を説いた。政治経済的にその勢威が上回る者がその文化的価値を弱者に押し付ける事を戒め，その双方に価値を見出し，異文化の交流の中で新たな価値を創造していくべきであるとした柳の朝鮮へのまなざしは，強欲資本主義とも称され，グローバリゼーションの名のもとに，一定の価値観が世界を席巻している現代にあって，改めて振り返るべき思想であるということができる。

2．中国革命運動を支えた宮崎滔天

　宮崎滔天は，明治・大正時代に，中国革命運動に取り組んだ人物である。1897年に日本に滞在していた孫文と出会いその識見に触れた宮崎は，孫文を立てて中国革命を実行することを決意し，1899年には孫文とともにフィ

リピン独立戦争を助け，翌年には孫文の恵州蜂起を援助した。そして，1905年，黄興と孫文とを提携させて中国同盟会の成立をうながし，同会機関誌の発行所を自宅に置くなど，その支援に努め，そうした動きが，1911年の辛亥革命につながることとなる。当時のアジア近隣諸国への観点としては，福沢諭吉の「脱亜論」に象徴されるように，遅れたアジアの諸国と一線を画すべきという強硬な姿勢が主流であったが，一方で，欧米諸国に対峙するためにアジアの大国中国に変革を促すべきであるという思潮もあり，宮崎は後者の立場であった。同時に，宮崎は，共通の理想を掲げる世界の人々との連帯が可能であり，国民の意志は国を超えて人類の自由と平和を志向することができる，とする確信を持っていた。宮崎の確信は，正に国を超えて，中国に変革を促すことにつながるわけだが，その後の日本は，宮崎らの遺志を継承することはなかった。近代日本が取るべき道を考察させる中で，異なった進路の可能性を考量する事例として宮崎滔天の思想と行動は示唆に富むものがある。

3．小泉八雲の愛した風景

　日本の古典や民間説話に取材した創作集『怪談』を執筆したことでも知られる小泉八雲（ラフカディオ・ハーン）は，ギリシアに生まれ，アメリカでの新聞記者の経験などを経て，1890年に来日し，島根県の松江中学，熊本県の第五高等学校，東京帝国大学文科大学などで英語，英文学の教師として教鞭を取った。その著作を通して，日本人の風俗，習慣，伝説，信仰など日本のありのままの姿を欧米に伝えた八雲は，松江滞在中，和服・和食で過ごすとともに，休日には島根の寺や神社をめぐり，宍道湖沿いのそば屋で日本酒を飲んだといい，出雲大社を訪れて，神道の深遠さを感得した。また，八雲は，古い城下町であった松江の人々を「遅れた愚かな人々」とは見ずに，仲間としての尊厳を持って接した。一方で，当時，近代化を進めた日本の動向について「言いようのない嫌悪感をもって，新日本の露骨な利己主義，虚栄心，浅薄で卑俗な懐疑主義を憎悪する」と記して，歴史と伝統を顧みず，西洋化に邁進する日本の姿に嫌悪感を隠さなかった。欧米諸国に伍する「一

流列強」への道を選択し，自国の古き良き姿を喪失させた近代日本にあっ
て，その価値観を問い直す八雲の言動は，当時の時代状況を考察する題材と
して掲出していく価値があると言える。

参考文献

榎本泰子（2013）『宮崎滔天——万国平和の極楽をこの世に』ミネルヴァ
　　書房。
筑摩書房編集部（2015）『小泉八雲——日本を見つめる西洋の眼差し』筑
　　摩書房。
中見真理（2013）『柳宗悦——「複合の美」の思想』岩波書店。

（須賀忠芳）

Q4　原始・古代の日本と東アジアの歴史に関する教材研究の視点について説明しなさい

　原始・古代の日本と東アジアの歴史について教材化する時，律令国家として範を求めた中国との政治，文化における交流と，中国からの制度，文物の仲介を果たすこととなる朝鮮王朝との関わりに，焦点をあてる必要がある。

1．白村江の戦敗戦後の国家危機と東アジアの動向

　660年に滅亡した百済復興のために朝鮮半島に派遣された日本軍は，663年，白村江において170艘余りの唐の水軍と対戦して大敗を喫し，多くの戦死者を出して退いた。日本は唐・新羅の追撃を恐れて，筑紫に大宰府を築いてここを拠点に防衛線を張った。また，大宰府防衛のために水城がつくられるとともに，対馬から九州北部，瀬戸内海沿岸から大和にかけての各所に朝鮮式山城が築造された。その後，668年に，唐・新羅連合軍は高句麗を滅ぼすことになるが，朝鮮半島統一をめざす新羅は，敵対関係にあった日本との関係改善を模索し，相互に外交使節の往来が活発となった。この時，日本には，多くの先進技術が新羅からもたらされた。日本との関係を好転させ，後方に不安材料がなくなった新羅は，朝鮮半島に駐屯していた唐との全面衝突に踏み切り，唐軍を退却させて，朝鮮半島を統一することに成功した（676年）。この時期，日本は朝鮮半島の政治情勢に大きく関与し，影響を与えていたのであり，かつまた，朝鮮半島から学んだ知識をもとに行政制度が整備され，種々の分野の技術も朝鮮半島から導入された。当時の政治状況と交流のあり方について，東アジア全体の広い視野から認識させることが必要である。

2．唐に渡った留学生，留学僧の苦悩

　唐に渡る留学生らの学ぶ期間は，遣唐使とともに渡航し，1年程度の在留を経て遣唐使帰国にあわせて一緒に帰国する場合と，約20年後の次の遣唐使が来るまで滞在する場合とがあり，勉学に励むことが求められた正規の留

学生は，後者であった。そうした留学生には，吉備真備らのように帰国を果たして政治的な活躍をみせた者もあったが，阿倍仲麻呂のように，科挙に合格し唐政府で出世したものの，望郷の念を抱きながらも帰国を果たすことはできなかった者もいた。2004年に西安で見つかった墓誌に名を残す「井真成」は，唐に渡った後，中国風に名乗り，中国名で当地に葬られたものと思われる。また，唐では，仏教とともに公認されていた道教が影響を持ち，仏教が排撃された時期もあり，それに遭遇することになった留学僧は，多くの困難に直面することになった。円仁は唐に滞在中，極端な廃仏政策が実施され，追われるように長安から帰国している。また，弁正は，道教重視の政策の中で還俗し，唐で亡くなっている。中国との文化交流の中で，その背景に，困難な状況の中でその務めを果たした，多くの留学生，留学僧らの存在があったことを的確に把握させたい。

3. 唐物趣味が支えた国風文化

遣唐使が停止されて，中国の文物が入手できなくなった結果，中国の影響を受けない，日本の風土や生活にあった文化としての国風文化が形成された，といった見解は，歴史学の見地からは否定されて久しい。遣唐使の停止以前よりも以後の方が，中国文物が多く流入していることがその裏付けとなっている。11世紀ごろから，宋商人が国内荘園の港津に入港して，荘園領主や荘官と貿易を行い，とくに北部九州沿岸の荘園ではこれが顕著であったといい，博多にあった鴻臚館は外交使節，遣唐使の応接機関から外国商人の応接機関へと性格が変化し，来日した商人たちはここで貿易を行っている。博多遺跡群からは，11世紀後半から12世紀にかけての多量の中国製陶磁器，中国系瓦，中国商人の生活用具などが出土していて，この地域に中国商人らが集住した場所があったと想定されている。その対価としては，陸奥国など東国から産出される金のほか，宋で発明された火薬の成分として不可欠な硫黄などがあてられていた。平安貴族の唐物への関心は高く，唐物の大量の流入が国風文化を支えたと言えるのであり，多様な国際交流のあり方が当時の文化に影響を与えたことについて，的確に認識させたい。

参考文献

鐘江宏之（2008）『全集　日本の歴史　第3巻　律令国家と万葉びと』小学館。

川尻秋生（2008）『全集　日本の歴史　第4巻　揺れ動く貴族社会』小学館。

早川明夫（2006）「遣唐使の停廃と『国風文化』―『国風文化』の授業における留意点―」文教大学『教育研究所紀要』15号，pp.55-63。

（須賀忠芳）

Q5 中世・近世の日本と世界の歴史に関する教材研究の視点について説明しなさい

　中世・近世の日本と世界の歴史について教材化する時，世界との交流のあり方について，着目させたい。特に，キリスト教の受容と天正遣欧使節の反響，石見銀山が世界に与えた影響，いわゆる「鎖国」下における交易品として高く評価された伊万里焼を事例として取り上げたい。

1．キリスト教の受容と天正遣欧使節

　1549年のキリスト教伝来から1587年のバテレン追放令までの間に，その信者は15万人に達したとされている。ザビエルは，布教のかたわら天体の運行や月の満ち欠け，雷雨などの自然現象を説明して聴衆をひきつけたといい，宣教師が提示する西洋文明そのものに多くの民衆が強い好奇心を抱いたことが布教の広がりの要因の1つであった。さらには，ザビエルが大内義隆に時計・楽器・眼鏡など13品を進上して関心を引いたように，諸大名が西洋の文物を求めて貿易の利益に着目するとともに，宣教師を通じて軍需品を買い求めたこともその要因である。1582年，伊東マンショ・千々石ミゲルら4人の少年が，天正遣欧使節としてヨーロッパに派遣され，1585年，教皇グレゴリウス13世に面会を果たすとともに，教皇の死でその葬儀に参列し，のち新教皇シクストゥス5世の戴冠式にも参列している。人々は使節を熱狂的に迎え，日本およびこの使節に関する書物が続々ヨーロッパ各地で出版され，1585年中だけで48種の書物が出されたという。戦国の動乱の中でのキリスト教受容に伴う西洋文明との接触，天正遣欧使節への反響にみる当時の西欧社会の日本への強い関心のあり方について広い視野から認識させたい。

2．世界から注目された石見銀山

　戦国期から江戸中期にかけての代表的銀山である石見銀山は，16世紀半ばから17世紀前半に，最盛期には年間約38tの銀を産出し，その産出銀は，

全盛期には世界の産銀量の約3分の1を占めたという日本銀の，かなりの部分を占めていた。この時期，高い品質の石見産銀が豊富に提供されたことから，交易決済上の信用度が高まり，東アジア地域における交易上の共通貨幣として広く銀を流通させる直接的な契機を作ることとなった。また，その産出銀は，海外では石見銀山の所在地であった佐摩村の名をとって「ソーマ銀」と呼ばれ，16世紀半ばの東アジアの地図には，石見銀山を図示して「銀鉱山王国」「銀鉱山」と特記されている。石見銀山は，16世紀から17世紀の大航海時代にその活動領域を拡大したヨーロッパの人々の注目の的であり，その産出銀は，地域を越えた広範な交易活動を発展させ，東西の異なる文物交流，文化交流を促進する重要な役割を果たしたと評され，2007年には，「石見銀山遺跡とその文化的景観」として世界文化遺産に登録された。石見銀山を教材とすることで，大航海時代における日本の位置づけを的確に認識させたい。

3．ヨーロッパに渡った伊万里焼

　近世の日本が，外交や経済政策の面で東アジア諸国と密接な関係を保持してきたことが明らかにされる中で，いわゆる「鎖国」という対外政策の概念が，徳川幕府の施策として提示されることが適切でないことはほぼ定説化している。海外との交流の事例として，伊万里焼は，1659年に始まる，オランダ東インド会社の大量買付け以後，西欧社会において人気を博し，1660年から約80年間に少なくとも500万個の磁器が海外に輸出されていたという。当時の王侯貴族らは，伊万里焼などの磁器の収集に熱狂し，フリードリヒ1世が建造したベルリンのシャルロッテンブルグ宮殿には磁器を豪華に飾り立てた「磁器の間」がつくられ，ドレスデンのアウグスト強王は伊万里焼を模倣してマイセンをつくらせた。ヨーロッパで好まれた日本の産物は，伊万里焼など磁器だけではなく，蒔絵漆器も輸出されている。マリー・アントワネットは，蒔絵の化粧机を用い，ナポレオン三世は蒔絵文様の棚や机を収集していた。いわゆる「鎖国」とされる時代状況にあって，日本の産物が広くヨーロッパ貴族社会に浸透していたことについて，的確に把握させたい。

参考文献

文化庁（2006）『世界遺産条約　世界遺産一覧表記載推薦書　石見銀山遺
　　　跡とその文化的景観』。
永積洋子編（1999）『「鎖国」を見直す』山川出版社。
脇田晴子（1988）『大系日本の歴史7　戦国大名』小学館。

（須賀忠芳）

Q6　世界諸地域の歴史的特質の形成に関する教材研究の視点について説明しなさい

1．はじめに：新しい世界史教育の視点（Q6〜Q9について）

（1）世界史をどのように区切るか

「人類の歴史に1つだけ区切り目を入れて，前半と後半に分けるとしたら，どこに区切り目を入れるだろう？」例えば，このような問いを投げかけたら，生徒はどう答えるだろうか。ビッグヒストリーの捉え方は，一万年前に区切りを入れ，それ以前の狩猟採集時代と以後の農耕時代で分けられるかもしれない。あるいは，生徒の素朴な感覚として，自分が生まれる前を「昔」とし，自分が生きている時代を「今」とする意見が出るかもしれない。世界史という科目では，時間・空間とも膨大な広がりを扱うので，うまく区切れ目を入れることによって，整理をしながら，全体像を把握する必要がある。しかし，区切れの入れ方は無限にあり，どのように区切るかということは，どのように全体像を把握したいのか，ということに繋がる。

　Q6〜Q9に登場する「諸地域の歴史的特質の形成」「諸地域の交流・再編」「諸地域の統合・変容」「地球世界の課題」は，新指導要領（平成30年告示）における「世界史探求」のB，C，D，Eのタイトルである。これにA「世界史へのまなざし」が合わさり，新科目「世界史探求」の全体となる。さて，これまでの世界史の学習内容が，「世界史探求」B〜Eのどの部分当てはまるか，想像できるだろうか。例えば，"大航海時代"はどこに入るのだろうか？「世界史B」（指導要領 平成21年告示）では，(4)「諸地域世界の結合と変容」の冒頭に置かれていた。しかし「世界史探求」では，C「諸地域の交流・再編」に収められているのである。これは，"大航海時代"を「統合・変容」ではなく「交流・再編」と捉えるということである。本書において教材研究の視点を論じるに当たって，必ずしも指導要領の枠にとらわれる必要はないかもしれない。しかし，このように区切り方が変更されているという

ことは，世界史全体を捉える視点が変更されているということに留意したい。そこでＱ６～Ｑ９では，それぞれの枠組みがどのような意図によって形成されているのかを考察することによって，教材研究を考える視点としたい。

　また同時に，本来は無数にあるはずの区切れから，ある区切れを選択するということは，必然的に１つの歴史観が発生しているということも意識しておきたい。実際の授業は，ある枠組みの中で行わざるをえない。しかし，できることならば授業内において，その枠組み自体を脱せられる視点も用意しておきたい。そうすることが，より開かれた眼差しによる歴史の理解に繋がると思われる。

（2）問いと資料をどのように授業に取り入れるか

　世界史探求では，歴史総合と同様に，問いと資料を活用した授業構成が強く求められている。これまでも「なぜ，こうなったのでしょう？」というように，生徒に問いを発しながら授業が進められる形態は多くあったと思われる。しかし，ここで言われているのは，こうした教員が発する問いだけではない。生徒が自ら問いを持ち，その問いを解決しようとする姿勢，すなわち「探究」が求められているのである。教員が問いを発する場合，少なからず誘導が発生してしまうので，むしろ，生徒自身が問いを感じる機会を奪ってしまったり，その感受性を狭めてしまったりする。そうした中で，有効なのが，資料を活用した授業展開である。授業や教科書は説明的なものであり，いわば資料（史料）の解説である。そこで，資料そのものを生徒に提示することにより，生徒自身の中に生まれる素朴な疑問が問いとなり，興味関心を惹きつけたり，探究心を育むことができたりする。その際の留意点であるが，準備した資料に対して，教員と生徒で抱く問いが食い違うことが多々あり，その場合は生徒の感覚を尊重することが大切である。また，大人の持つ問いではなく，生徒の目線にたった資料選定，授業準備が重要になる。第6章のＱ６～Ｑ９では，具体的な教材研究の機会として，問いや資料活用の実践例について，紙面の範囲内で紹介したい。

2.「諸地域の歴史的特質の形成」という枠組みを考える視点

　まずは，「歴史的特質」とはどういう意味か，考える必要がある。世界史

表6-6-1　諸地域世界の歴史的特質の形成

	知識・内容	取り扱い時の配慮
(1) 古代文明の歴史的特質	オリエント文明，インダス文明，中華文明	自然環境と人類の活動との相互関係
(2) 諸地域の歴史的特質	秦・漢と遊牧国家，唐，仏教，ヒンドゥー教，南アジア，東南アジア，西アジアと地中海周辺の諸国家，キリスト教，イスラーム	国家と宗教の関係，文化や宗教が人々の暮らしに与えた影響，異なる宗教の共存

（平成30年改訂高等学校学習指導要領より，筆者がキーワード等をまとめた）

学習の最初において，この言葉が付されていることの意義は大きい。歴史的とは，一義的には捉えにくい言葉であるが，例えば，その反対語を考えてみると，本質的という言葉が挙げられるだろう。つまり，歴史的とは，元からそのように決定されていることではなくて，時間の経過の中で徐々に構築されてきたこと，と考えることができる。例えば，東アジアから南アジアにおいて仏教が広まっていることは，この地域の特質ということができるが，仏教は地球が誕生した時から，そこにあるわけではなく，様々な背景・経緯の中で，この地域に定着したものである。一方で，この地域にモンスーンが吹くことが，今も二千年前も変わらないのであれば，そのことは歴史的特質ではないだろう。今を生きる私たちにとっては，現在の世界が全てであるかのように感じられ，その世界は地球誕生時から本質的に存在していたかに錯覚してしまいがちである。しかし，今のこの世界は，様々な経緯の中でここに辿り着いたのであり，それらは偶然の賜物であることもあるが，人為的・作為的に形成されているものも少なくない。歴史的であることを考えることは，このように現在の世界を絶対的ではなく，相対的に捉えることであり，眼前にある諸課題に対して，そうではなかった可能性を想像するという点において，その解決へ向けての契機として有効なものである。

　さて，今枠組みであるが，世界史Bの教科書と比べるならば，イスラームがこの範囲に入ったこと，また，古アメリカ世界が外されていることに気付くだろう。現在にも繋がる諸地域の特質を考えるならば，西アジアの取り扱いはイスラームの成立まで入れる必要があるだろう。一方で，インカやアス

テカの文明は，現代アメリカの歴史的特質にはならないのかもしれないが，中南米の現状を考えると議論のあるところである。いずれにしても，従来の古代史を扱う枠組みではない，ということである。

　また，この枠が地域の特質形成とされ，次枠が交流・再編となっているが，当然のことながら，世界では先に地域が形成され，そのあとに交流が始まったというわけではない。世界史全体を捉える上で，便宜上，こういった枠組みで区切っているということである。この範囲においても，古代ギリシアとオリエントの隣接性や，古代ローマと南アジア・漢の交流などを取り挙げ，地球には明確な境界線は引かれていないということを理解したい。

３．問い・資料を用いた教材例

●オリエントにおいて隣り合わせで発達してきたメソポタミア文明とエジプト文明であるが，両者には様々な違いがある。例えば，メソポタミアではハンムラビ法典に代表されるように，法の発達が見られる。エジプトでは法の発達は乏しかったと言われる。法の発達に関して，このような違いが生まれた理由として，考えられることを挙げよ。

　教科書を見ても分かるように，メソポタミア文明には様々な民族が登場し，そこは多くの民族が行き交う場であった。一方，エジプトは砂漠と海に囲まれ，異民族の侵入が少なかった。民族はそれぞれが異なる慣習を持っており，多様な民族が共存するためには，全体としての明確なルールが必要となる。このことが，メソポタミアで法の整備が進んだ１つの要因と考えられる。これは，自然環境の違いが生み出した人々の移動の違い，そして社会の仕組みの違いである。また，例えば，法律が厳しいことで有名な現在のシンガポールが，多民族国家であることの理解にも繋がる。

参考文献

デヴィッド・クリスチャン（2015）『ビッグヒストリー入門』WAVE出版。
与那覇潤（2018）『日本人はなぜ存在するか』集英社。

（五十嵐　学）

Q7　世界諸地域の交流・再編に関する教材研究の視点について説明しなさい

1．「諸地域の交流・再編」という枠組みを考える視点

　これまで「統合・変容」とされてきた"大航海時代"が，この枠に収められている。かつては"地理上の発見""新大陸"など，ヨーロッパ中心主義史観によって，インパクトを持つ切り口とされたこの時代であるが，近年では，既に活気を呈していたアジア貿易にヨーロッパ人が参入してきたという側面を捉え，"大交易時代"という語も用いられている。「交流・再編」への位置づけは，こうした動向の延長線上にある。一方で，それと比べた際に，19世紀の国際分業や自由貿易体制が次枠で取り上げられているように，それらが現代にも繋がる「統合」として強く意識されているとも言えよう。モンゴルによるユーラシア交易ネットワークの形成（13世紀世界システム）や，10世紀以降のアジア海域におけるムスリム商人，東南アジアの港市国家，あるいは鄭和遠征や琉球，倭寇（ポルトガルによる種子島への鉄砲伝来は倭寇の船によるものだった）などの活躍を押さえ，こうした「交流」に参加する1アクターとしてのスペイン・ポルトガルをイメージさせたい。

表6-7-1　諸地域の交流・再編

	知識・内容	取り扱い時の配慮
(1) 結びつくユーラシアと諸地域	アフリカ・アジアへのイスラームの伝播，ヨーロッパ封建社会，宋，モンゴル帝国，海域と内陸にわたる交流 明と日本・朝鮮，スペインとポルトガルの活動によるヨーロッパの進出	人，物産，情報，海域と内陸の交易ネットワーク
(2) アジア諸地域とヨーロッパの再編	西アジアや南アジアの諸帝国，清と日本・朝鮮 宗教改革とヨーロッパ諸国の抗争，大西洋三角貿易，科学革命と啓蒙思想，主権国家体制，地球規模での交易の拡大	アジアとヨーロッパの特色ある社会構成や文化

（平成30年改訂高等学校学習指導要領より，筆者がキーワード等をまとめた）

主権国家体制の成立は「再編」の１つとして捉えられる。しかし，イタリア戦争によって主権国家体制が始まる，ウェストファリア条約によって主権国家体制が確立するなど，知識事項のようにこれを教えるのはナンセンスである。主権国家とは歴史的に成立したシステム，概念であり，生徒にどのように概念形成をさせるのか，授業者としては策を練る必要がある。具体的なものを取り上げたり，対概念やそうではないものと比較したりして，概念を知識として教えてしまうのではなく，生徒自身の主体性による概念化を促したい。主権国家体制である現在世界の様子は自明のことであり，そうではない世界を想像することは容易ではない。中世ヨーロッパにおけるハンザ同盟のあり方や，アンジュー帝国の様子（アンジュー伯アンリが英王ヘンリ２世であること）などを取り上げ，境界線が明確でない世界の様子について理解させたい。このことは，EUの成立や，現在のボーダーレスな社会の理解にも役立つものである。また，それ以前の国家が主権国家ではないことを改めて確認するとともに，次枠で扱われる国民国家（現在の国家）との違いにも留意する必要がある。中学校の地理的分野において学習している，領土・国民・主権という国家の三条件を足掛かりとすることも有効であろう。この三条件が，歴史的に構築されてきたということを理解したい。

２．問い・資料を用いた教材例

資料①　火曜日，司令官は（インドの）王への贈り物として次の品々を準備した。12枚の帯，…四連の珊瑚の玉，…砂糖の箱１，油入りの樽２，蜜入りの樽２。…彼ら（執事）はそれらの贈り物を嘲笑し，…王様はとてもそんなものはお受け取りなさるまいといった。司令官はそれを聞き意気消沈した。
資料②　キリスト教徒たちはインディオたちの土地を占領し，…子どもがたてるようになれば，その子どもにできるような仕事だけではなく，ときにはとうてい無理な仕事もさせた。こうして，キリスト教徒たちはインディオたちを絶滅させ，…生きながらえている僅かな人びとさえ酷使している。

●資料①②からは大航海時代におけるアジアとアメリカの様子を読み取ることができる。両者にはどのような違いがあるか，説明せよ。
●上のような違いが生まれた理由として，考えられることを挙げよ。
●資料①②の筆者は，それぞれどのような人物であると予想できるだろうか。

　古アメリカ世界には鉄器や車輪がなく，馬や牛などの大型家畜が存在しなかった。これにより直ちに文明が未発達であったとは言えないが，アジアはユーラシア大陸内の活発な交流により，政治や経済のシステムが発達していた。一方でアメリカは隔絶された世界であり，ヨーロッパが持ち込んだ伝染病に免疫がなかったこともそれを物語っている。

　また，資料の書き手や背景を最初から明かすことをせずに，生徒に考えさせることは，批判的に資料を扱うという観点からも有意義である。実際に，資料①と②では100年ほどの時間差があり，またアジアの中でも資料①とは違って，ヨーロッパの暴力性が見られる資料も存在する。授業者が用意した前提，枠組み自体に疑問を呈する生徒がいた場合は，是非その発言を大切にし，枠組みを脱する可能性を追求し，重層的に歴史を捉える契機としたい。

参考文献

水島司（2012）『グローバル・ヒストリー入門』山川出版社。

コロンブス，アメリゴほか（野々山ミナコほか訳）（1965）「ドン・ヴァスコ・ダ・ガマのインド航海記」『大航海時代叢書第1期　航海の記録』岩波書店。

歴史学研究会編（染田秀藤訳）（2008）「インディアスの破壊についての簡潔な報告」『世界史史料7』岩波書店。

（五十嵐　学）

Q8 世界諸地域の統合・変容に関する教材研究の視点について説明しなさい

1.「諸地域の統合・変容」という枠組みを考える視点

　産業革命から冷戦まで，壮大なボリュームがこの枠組みに収められている。世界史Bでは，大航海時代から19世紀の世界の一体化までが「統合・変容」とされていた。しかし世界史探求では，いわゆる「長い19世紀」に二次大戦後の世界構造までを合わせて，この範囲としている。自由主義やナショナリズム，近代民主主義といった西洋発祥の価値観やシステムによっ

表6-8-1　諸地域の統合・変容

	知識・内容	取り扱い時の配慮
(1) 世界市場の形成と諸地域の結合	産業革命と環大西洋革命，自由主義とナショナリズム，南北戦争，国民国家と近代民主主義の形成 国際的分業と労働力の移動，イギリスを中心とした自由貿易体制，アジア諸国の植民地化と諸改革，世界市場の形成とアジア諸国の変容	19世紀の世界の一体化の特徴
(2) 帝国主義とナショナリズムの高揚	第二次産業革命と帝国主義諸国の抗争，アジア諸国の変革，世界分割の進展とナショナリズムの高まり 第一次世界大戦（以下，一次大戦）とロシア革命，ヴェルサイユ・ワシントン体制，アメリカ合衆国の台頭，アジア・アフリカの動向とナショナリズム	19世紀末の世界経済の構造の大きな変化，一次大戦を経てヨーロッパ中心の国際秩序の見直しが図られたこと
(3) 第二次世界大戦（以下，二次大戦）と諸地域の変容	世界恐慌とファシズムの動向，ヴェルサイユ・ワシントン体制の動揺，国際関係の緊張と対立 二次大戦の展開と大戦後の国際秩序，冷戦とアジア諸国の独立の始まり	自由主義経済の危機により，国家による経済への関与が進められ，二次大戦を経て福祉国家体制の成立の契機となったこと，二次大戦を契機とした欧米諸国の覇権の推移

（平成30年改訂高等学校学習指導要領より，筆者がキーワード等をまとめた）

て，世界は「統合」されていったが，例えば，自由主義の揺らぎにより福祉国家が目指されるなど，「変容」が求められ，二次大戦後の世界の構造ができあがったと捉えることができる。また，二次大戦と戦後世界が1つのまとまりとして扱われており，両者の連続性が意識されている。おそらく生徒の頭の中には，戦前と戦後の区切り目が強く存在しているであろう。このことは，戦後日本の民主主義を捉える上で重要であるが，世界全体を考えるならば，19世紀の「統合」が現在の世界をかたち作っていることを理解する必要がある。非常に膨大な内容となる本枠であるが，枝葉に終始することなく，「統合」から「変容」へ向けてのまとまりを捉えることが，現在の私たちの世界を理解すること，そして，次枠の取組みへと繋がるものと思われる。

2．問い・資料を用いた教材例

（1）資料例1

南京条約（1842年）
今後，大皇帝は次のことをお許しになった。イギリスの人民が…沿海の広州，福州，厦門，寧波，上海などの五港に寄港し，妨げられることなく貿易通商をおこなうこと。…大皇帝は，香港一島をイギリス君主に与え，…任意に制度や法をつくり，治めていくことをお許しになった。

　アヘン戦争に敗れた清朝であるが，この南京条約では依然として，これまでの中華思想的な皇帝の立場が表現されており，大変興味深い。西洋流の主権国家体制と東アジアに伝統的な中華帝国を対比して捉え，また，イギリスによる自由主義・自由貿易体制が，世界を取り込んでいく様子を読み取りたい。日本が幕末に関税自主権を失ったことを知っている生徒もいると思うが，そのことの世界史的意味を改めて確認させることも有用である。

（2）資料例2

　以下は，自由主義者のイェーリンクが普墺戦争について記した手紙である。

A．1866年5月1日，オーストリア人のグラーザーに宛てて
　ビスマルクが現在オーストリアに対して行っているように，恥知らずで，かつ恐ろしく浅はかな方法で戦争が吹っかけられたことはなかったでしょう。…何の正義

もなく，国民の支持もなく，ただ数人の外交官たちによって引き起こされて…

B. 1866年8月19日，プロイセンのヴィントシャイトに宛てて
　いま私たちが，過去千年間に類を見ないようなドイツの歴史の大転換期を経験することができたのは，なんとすばらしい運命なのでしょう！…一夜にして，あんなに非難されていたビスマルクという姿で，救世主は復活したのです。…

　自由主義者の目指すドイツ統一のあり方は，ビスマルクの手法とは相異なるものであった。しかし，そんな自由主義者でさえ，普墺戦争後の勝利後には，ドイツ統一が進展したことに熱狂しているのである。なぜ人々は，これほどまでに国民成立に駆り立てられるのか。フランスとドイツの国民の成り立ちの違いを考察することも有意義である。

（3）資料例3

　図6-8-1のグラフでは，「統合・変容」について，世界全体の様子を把握することができる。英産業革命前夜では，中国・インドが世界シェアの半分を握っていた。英産業革命は18世紀半ばに始まるとされるが，世界シェアを伸ばすのは19世紀に入ってからであり，革命の進行が緩慢であったことが分かる。その後のアメリカの成長，また近年の中国の伸びも確認することができる。

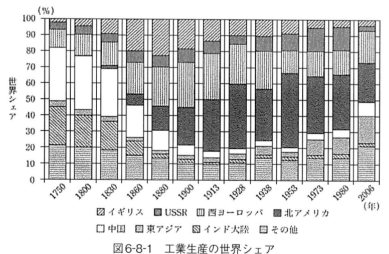

図6-8-1　工業生産の世界シェア

（出典：アレン，2019，p.9）

参考文献

歴史学研究会編（2008）『世界史史料7』岩波書店。

ペーター・ガイス，ギョーム・ル・カントレック監修（2016）『ドイツ・フランス共通歴史教科書【近現代史】』明石書店。

ロバート・C・アレン（2019）『なぜ豊かな国と貧しい国が生まれたのか』NTT出版。

（五十嵐　学）

Q9 地球世界の課題に関する教材研究の視点について説明しなさい

1.「地球世界の課題」という枠組みを考える視点

　この最終の枠組みは，これまでの世界史教育を大きく変革するものである。一見すると『現代社会』などで扱う内容に思われるが，現在のそうした世界の様子が，どのように歴史的に構築されてきたのかを考察することによって，現代の諸問題を相対的に把握することを目的としている。これを授業化するためには，教員自身が日々の生活の中で，身の周りの事柄について

表6-9-1　地球世界の課題

	知識・内容	取り扱い時の配慮
(1) 国際機構の形成と平和への模索	集団安全保障と冷戦の展開，アジア・アフリカ諸国の独立と地域連携の動き，平和共存と多極化の進展，冷戦の終結と地域紛争の頻発，紛争解決の取組みと課題	平和で民主的な世界を目指す多様な行動主体
(2) 経済のグローバル化と格差の是正	先進国の経済成長と南北問題，アメリカの覇権の動揺，資源ナショナリズムの動きと産業構造の転換，アジア・ラテンアメリカ諸国の経済成長と南南問題，経済のグローバル化，格差是正の取組みと課題	経済格差の是正を目指す多様な行動主体
(3) 科学技術の高度化と知識基盤社会	原子力の利用や宇宙探査などの科学技術，医療技術・バイオテクノロジーと生命倫理，人工知能と労働の在り方の変容，情報通信技術の発達と知識の普及，知識基盤社会の展開と課題	持続可能な社会の実現へ向け，科学技術における知識の在り方について，人文科学や社会科学等の知識との学際的な連携が求められる
(4) 地球世界の課題の探求	①紛争解決や共生 ②経済格差の是正や経済発展 ③科学技術の発展や文化の変容 について，歴史的経緯を踏まえて，地球世界の課題を理解する	この科目のまとめとして位置付ける，この科目の学習を振り返り，よりよい社会を展望できるようにする，①〜③の相互のつながり

（平成30年改訂高等学校学習指導要領より，筆者がキーワード等をまとめた）

問いを持ち，世界史的な視点においてその問いを深め，そうした探究する姿勢を生徒と共有していくことが求められる。

　ここでは，科目の振り返りとして（4）①②③を考えさせるために，前枠までの範囲において，どういった要素に着目しておくべきであるのか，記したい。①紛争や共生については，例えば「歴史的特質」の枠組みでは，異なる宗教の共存が記されているが，宗教の教義は，絶対的なものではなく，歴史的なものであることに留意したい。キリスト教異端の広がりや，ガンダーラ美術に見られる西洋的な仏像，あるいはシルクロードにおける天使像など，時代や地域によって信仰が形を変えることや，異なった宗教との共存や交錯を捉えたい。また，宗教上の考えの違いによる争いから，国家と国家の争いへと，紛争理由の根本的な変化があったことを理解したい。やがて国民国家が形成され，メディアの発達による大衆の誕生，そして総力戦へと，人々が何のために戦っているのかの変容を考察することで，敵と味方というのは，極めて歴史的に構築された存在であることが理解されるはずである。紛争に関するそうした視点が，その解決や，共生への道を探る契機となる。②経済格差については，自由主義が社会の内部へ，そして世界全体へと広がり，様々な矛盾を発生させたことを押さえておきたい。そして，自由とは常に強者の論理であることを捉えたい。自由と平等は両立せず，国内における弱者に対しては，福祉国家の成立によって，その対応が図られている。では，世界全体における弱者はどのように救済されうるのか，現代世界が抱える未解決な問題である。③科学技術の発展については，技術の発達が本来のその目的だけでなく，社会や人間のあり方をも変化させたことを捉えたい。例えば，灌漑農法は農業を飛躍的に発達させたが，組織としての作業のために階級制度を成立させた。あるいは，産業革命は産業における革命だけでなく，著しい都市化を進展させた。都市においては，これまでの農村共同体にはなかったような，個が個と結び付く新しい人間関係のあり方が生まれた。ラジオやテレビの発達による大衆の誕生や，インターネットやSNSによるコミュニケーションの変化など，科学技術は人間性そのものの変質を迫ってきた。バイオテクノロジーや人

工知能は，これまでにはなかった新たな価値を生み出し，人間とは何か，という問いを我々につきつけているのである。

２．問い・資料を用いた教材例

「日本語学校に入学すれば，勉強しながら働ける」と聞いて借金をして日本に来たが，週28時間という規定を守っていたのでは２年目以降の学費を満足に稼ぐこともできない。仕方なくオーバーワークしたら，入管に摘発され，やむなく退学することになり借金を抱えたまま無念のうちに帰国する人もいる。その一方で，人手不足の現場では留学生が労働力として期待されている。留学生がいないと現場がまわっていかない。

（芹沢，2018，p. 161）

　コンビニ店員が外国人であることは，もはや現代日本の日常の風景であり，彼らは，私たちにとって最も身近な外国人労働者である。労働の問題は高校生には実感が持ちにくいが，こうした身近な実例は自分事として捉えさせやすい。外国人店員は，日本語学校の学生として入国している例が多く，彼らは渡航費や学費を借金して来日している。その借金返済を差し引いても，本国よりは良い稼ぎができると夢見て，彼らは日本にやってくるのである。しかし実際には，返済だけで精一杯であり，一方で，日本社会にとっては都合の良い短期的な労働力となっている。そして，このことは，少子高齢化による労働力不足と表裏の関係になっているのである。

　日本の技能実習制度は，現代の奴隷制度とも言われている。日本は，2014年時点で世界第５位の移民流入国だという報告もあるが，日本は移民制度を認めず，一方で労働力は補いたいという欲望が，矛盾に満ちた仕組みを作り上げている。そして，これは勿論，世界的な格差の構造の上に成り立っている。現代日本の外国人労働者の問題は，「統合・変容」の延長にあり，例えば，インド人クーリーの問題と比べてみることもできるであろう。

　また，労働問題に関して，例えば規制緩和や派遣労働の拡充など，現在の日本の政策を，19世紀以来の自由主義の文脈に位置付けられるようにしたい。生徒は，世界史で自由主義という言葉を習っているものの，それを現代の政策となかなか結びつけられない。それは，自由主義が世界史の中での知

識に留まり，概念として獲得されていないからである。上記のような日本の政策で得をするのは誰なのか，穀物法廃止で得をするのは誰なのか，清や日本に自由貿易を迫ることで得をするのは誰なのか，考えさせたい。

参考文献

小川幸司（2014）『世界史との対話（下）70時間の歴史批評』地歴社。
芹沢健介（2018）『コンビニ外国人』新潮社。

（五十嵐　学）

Q10 歴史総合の教材研究の視点について説明しなさい

1. 歴史総合の役割と教材研究の視点

　歴史総合は日本史探求，世界史探求へと接続する高校歴史の入門科目であり，必修科目である。歴史の探求科目を選択しない人や，卒業後は歴史を本格的に学ばない人にとっては，歴史総合で学んだことが学校歴史教育を通して最終的に獲得される歴史の認識や知識となる。したがって，社会の形成者としてグローバル社会に生きる市民・国民が共通に身につけることが望まれる歴史への理解とは何かということが，歴史総合に関する教材研究の基本的な視点となる。

2. 社会の形成者に求められる歴史への理解

　現代では多様な国籍の他者との交流が不可避である。真珠湾や南京事件の例を挙げるまでもなく，他者の視点から描かれた歴史の叙述や語りに出会うことがある。その際に，教科書で学んだ歴史が唯一の真実であり事実だと信じていると，そこから誤解や軋轢，衝突が生じるリスクがある。それゆえ，グローバル社会に生きる市民・国民には，そもそも歴史とは何かということ（メタヒストリー）についての理解が欠かせない。例えば，過去に起こったと想定される出来事そのものと，そのなかの一部をある視点や立場から取捨選択して記録し，物語ることによって意味づけた歴史は異なるという理解である。歴史では何かが物語られるが，同時に何かが語られていないのである。
　加えて，自分たちが学んでいる歴史を客観視して捉え直す視座も必要である。重要なのは，歴史教科書が採用するナショナルな枠組みを相対化する視点である。教科書の叙述が国家・国民の単位で語られるナショナルヒストリーであることや，日本・日本人という立場からの歴史にすぎず，国家や民族の数だけ異なる自国史・世界史があるということに気づかせたい。

3．歴史への見方を豊かにする教材研究のアプローチ

　様々な視点，立場から，多様な語られ方をするのが歴史である。このこと
を理解させるには，複数の教科書を教材にして比較するというアプローチが
有効である。例えばアヘン戦争に関する記述がある。イギリスと中国の教科
書を比較してみると，両国が近代に経験した同一の事象であるにもかかわら
ず，異なる視点から違った語り口で描かれていることが如実にわかる。真珠
湾攻撃や原爆投下に関する日米の教科書記述も，生徒の認識を相対化し，歴
史とは何かを考えさせるのに好適の教材である。

　もう1つは，歴史に描かれた社会の重層性や複数性，その中で生きる人び
との多様性を認識させ，歴史への見方を豊かにするアプローチである。教科
書の叙述は政治史が中心で，登場する人物も男性の為政者が多い。しかし，
歴史には多様なアクターがおり，年齢やジェンダーなどの属性によって，同
じ歴史的な出来事を経験したとしても，それに対する様々な見方や意味づけ
が表明されるはずである。異なる立場や視点から描かれた歴史資料を教材化
し，比較させることで，そこに内包された社会の重層性，複数性，多様性に
気づかせることができるだろう。日本と世界の関連というグローバルな歴史
を学ぶときこそ，地域社会に生きた多様なアクターの存在にも目を向けたい。

　歴史総合ではデジタル教材も含め，様々な形態の教材が積極的に活用され
ることが望まれる。生徒の認識にインパクトを与え，その変容をもたらすも
のが教材だとすると，文書や遺物，図像だけでなく，人も教材である。戦争
体験者などの当事者への聞き取りは従来から行われてきたが，ICTを活用す
れば，教室と語り手をつないで話を聴き，歴史の見方を豊かに育むこともで
きるであろう。

参考文献

岡本智周（2013）『共生社会とナショナルヒストリー――歴史教科書の視
　　　　　点から』勁草書房。

野家啓一（2005）『物語の哲学』岩波書店。

（藤井大亮）

第7章

公民の教材研究の視点

Q1 「私たちと現代社会」「公共の扉」の教材研究 の視点について説明しなさい

1.「私たちと現代社会」「公共の扉」において大切にしたいもの

「私たちと現代社会」「公共の扉」は，中学社会科公民的分野や高等学校公民科における導入にあたる。中学生や高校生がはじめて公民的分野や公民科と出会う場所をどのようにデザインすべきであろうか。教材研究という視点から考えていくことにしよう。

（1）「私たちと現代社会」「公共の扉」とは

中学生が公民的分野をはじめて学ぶ「私たちと現代社会」，高校生公民科をはじめて学ぶ科目「公共」の「公共の扉」では表7-1-1のようになっている。

表7-1-1　項目名

	項目名
中学社会科「公民的分野」	A 私たちと現代社会 （1）私たちが生きる現代社会と文化の特色 （2）現代社会を捉える枠組み
高等学校公民科「公共」	A 公共の扉 （1）公共的な空間を作る私たち （2）公共的な空間における人間としての在り方生き方 （3）公共空間における基本的原理

（2）「私たちと現代社会」「公共の扉」での学び

　両項目において，共に大事なのは社会事象に対する「見方・考え方」の最初の部分をそだてることである。今回の指導要領においては「見方・考え方」が重視されており，具体的に中学では「現代社会を捉える枠組み・対立と合意，効率と公正など」が示され，高等学校では「公共的な空間と人間との関わり，個人の尊重と自主・自立，人間と社会の多様性と共通性」，「幸福・正義・公正」などの視点が明示されている。

２．「問い」を大切にした授業づくり

（1）「問い」の重要性

　ここでは「問い」の重要性を説明していきたい。公民的分野や公民科の学習は取扱う学習内容の広さから，社会的な事象と事象との繋がりを説明することに終始する授業が散見される。教科書の内容を扱うだけでも大変という声も聞こえるが，事象と事象の繋がりだけを学ぶのでは，社会問題の解決に向けた資質の育成は難しいと言える。そのために出てきた資質・能力の育成を重視した学習指導要領では，生徒が考えたいと思える「問い」から学びをスタートすることが大切になってくる。

（2）「問い」をどのように作るのか

　生徒が学びたいと思える切実な問いを作り出す必要がある。近年，教育学で注目される「真正な学び」は新しいものでもなく，社会科はこれまで「切実な問い」から授業を出発させることに苦心してきた。その発問を作るためにも，教科書だけで学習を進めるのではなく，時には時事的な話題を取り入れていく必要があるだろう。例えば，新聞記事やテレビやネットなどで報道されたものを用いる工夫なども必要になってくる。社会的な事象に対して，「なぜ」や「どうして」といった疑問形の問題意識をもち，その上で，教科書の内容とリンクさせていくことを授業者には求められている。これは「真正な学び」でいわれているような学び方を学ぶという趣旨とも一致するのではないだろうか。

　そのためにも生徒自身がどのように学ぶかという学習デザインの視点が重

要になってくる。学習デザインを考えるなどと聞くと，ずいぶん大仰な言い回しではあるが，別の言い方をすれば，教師自身が生徒と一緒に社会的事象を学んでいく視点をもつことが出来るかを考えればいいのだろう。教師が考え抜いた問いであれば，生徒も先生が悩んでいる問いに時に共感したり反発したりしながら，社会的事象を学ぶ意義を感じていくことができるのではないだろうか。

（3）具体的な教材研究をどのように行っていくのだろうか

　以上のようなことを考えた時に，教師もしくは教員志望の学生にとって必要なのは，まず時事的な社会問題へ積極的に触れ，自らが考えるという行為をすることであろう。考えるという行為には，私たちの中で何らかの「見方・考え方」が働いているのだ。「見方や考え方」を用いて社会事象を教材化することを日々考えて行かなければならない。そのためには，是非，毎日ニュースをみたり，手軽な知識としての新書を読んだりすることをおすすめしたい。

参考文献

江口勇治監修編（2018）『21世紀の教育に求められる「社会的な見方・考え方」』帝国書院。

橋本康弘編（2018）『高校社会「公共」の授業を創る』明治図書出版。

（加納隆徳）

Q2　経済の教材研究の視点について説明しなさい。

1．経済を学ぶことと市場経済を学ぶことの違い

（1）経済を学ぶとはどういうことか

　経済とは，三省堂大辞林第三版によると，「物資の生産・流通・交換・分配とその消費・蓄積の全過程，およびその中で営まれる社会的諸関係の総体」とある。希少性のあるものを，どのように「生産・流通・交換・配分」していくかを決定して実行する過程について学ぶことが，経済学習なのである。

　物事を決定する方法については，政治学習で学習する。限りあるものを誰が得るべきか，については，実は様々な答えがあり，その配分原理も，時代によって異なっている。現在，「誰が受け取るべきか？」という問いには，「必要に応じて」「運がよい場合」「多数決」の他にもう1つの配分原理がある。それが，「お金を出す人が受け取る」というもので，これが，市場原理である。

（2）「市場経済」の理解と，その原理を使わない場面の認識

　市場経済とは，経済的な決定を，価格を目安に行っていく方法である。授業者は，市場経済の理解を支える，「市場化されていない供給原理」をイメージするとよい。例えば大学の授業の開講科目は，学生の需要のある科目が開講されるわけではない。その専門分野ごとに（先生が？学部が？）「必要」と考える科目が開講され，供給されるのがその一例である。

　経済を教材化する場合，まず，「はじめに市場ありき」ではなく，市場原理で供給されていないものがあることを理解し，その上で，なぜこの財（サービス）は市場化されているか，を考えてみるとよいだろう。

2．市場経済を教材化する

（1）学び手に対する想像力

　中学生や高校生には，残念ながら「市場化」のイメージが難しい。というのは，日常生活が市場化されていないから，つまり財布がなくても困らない

からである。朝家を出て学校に行き，授業を受け給食を食べて，水泳部の部活動をする。練習が終わって帰ったら家の食事を食べる。自分の部屋で勉強をして，テレビを見てゲームをして風呂に入って寝る。高校生になると，コンビニエンスストアが身近になってくるが，そんなに大金は使わない。生活に必要なものは，家にいれば無料で手に入る。しかし，同じ活動でも市場化されているものもある。塾での勉強，お昼ご飯，スポーツクラブや水泳教室，ゲームセンター，映画館，銭湯の利用，ホテルでの宿泊である。

　現在，教科書で教えようとしている内容の多くは，市場経済の枠の中での生産・分配・消費（その中に，国際経済も含む）と，市場経済を補うものとして位置づけられる政府の活動である。教材を開発するときは，自身が今扱おうとしているものと，生徒の日常の景色の橋渡しを最初に行い，生徒を経済的な見方へいざなっていくことが肝要である。

（2）１つの教材で関連している多くを学ぶか？

　具体的な事例から抽象化された概念へ進むか，概念の学習から事例をあげていくか，２つの方法がある。教材化されている「たこ焼き屋」「コンビニエンスストア」「パン屋の経営」「Ｔシャツ屋」などは，具体から抽象へ進む学習である。生徒が理解しやすい「具体」を選ぶとともに，どのような概念を扱っていくのか，焦点化する必要がある。

（3）学びによって，景色が変わる

　学んだことで，普段見ていることに対して，新たな（多面的・多角的な）見方や考え方が出来るような教材開発をするとよい。そのためには，生徒の身近にあるもの・消費の場面に関連するものの方が，より変化を実感しやすい。

（4）市場原理で決められないこと

　どんなにお金をだしても叶えることができない望みや，やってはいけないこともある。その規範の１つが基本的人権である。逆に必要であっても市場経済の中で供給されず，政府やNPO法人（市場化されていない民間のサービス供給者）が供給しているものもある。このことを念頭において，経済学習を進めていってほしい。

（升野伸子）

Q3　政治の教材研究の視点について説明しなさい

　政治の教材研究の視点として，ここでは授業内容として政治的なものを如何に捉え，授業方法として民主主義の担い手を如何に育てるかを考える。

　まず授業内容として政治的なものを如何に捉えるかについて考えたい。政治は，承認や配分とかかわり，政策を決定・実施することで，我々の生活に深く根ざしている。いたるところに政治的な決定がなされたものがある。国の政治の仕組みを学ぶにしても，地方自治を学ぶにしても，このような政治的なものをどのように取り上げるかで，生徒が自分たちにかかわるものとして政治をリアルに捉えることができるかが変わってくるだろう。

　ここでは，小学校第6学年での実践ではあるが，若狭（1973）の「児童公園をつくらせたせっちゃんのおばさんたち」の授業を取り上げる。この授業では，住民運動の成果である学区の児童公園ができるまでを児童が調べ，なぜ公園ができあがるまでに5年もかかったのかを追究し，最終的には住民運動に携わった隣のクラスのせっちゃんのお母さんから話を聴いている。

　この授業から政治の教材研究の参考になる点として，3つのことがあげられる。第一に，子どもの生活に密接にかかわる身近な事物を取り上げることである。学区の公園は子どもにとって身近で，恩恵を受けている。しかし，どのようにしてできたのかは知らない。こうしたなかで，子ども同士で共有できる問いが生まれ，探究の過程に必然性が伴ってくる。

　第二に，実際の生きた文脈の中で政治過程を学習することである。これにより，住民のニーズや，利害の対立と調停，予算の配分，政治家の関与の仕方など，リアルな現実を通して，政治の仕組みと課題が捉えられる。

　第三に，若狭（1973）の重視するように，国民主権を意識することである。一人の市民として政治過程に如何にかかわることができるのか，このことを学ぶことが国家及び社会の形成者を育む上で大切になる。

　次に，政治の教材研究の視点として，どのような授業方法が民主主義の担い手を育てるのに相応しいかを考えたい。社会科の目標は，「平和で民主

的な国家及び社会の形成者に必要な公民としての資質・能力」の育成にある。そもそも民主主義を如何に捉えるかで求められる資質・能力も変容する。

　柳田・和歌森（1953）は「社会科の狙い」を「一人前の選挙民として信頼できる者」の育成と捉えていた。このように代議制からなる間接民主主義を前提にすると，制度理解とともに模擬投票を取り入れた授業も重要である。

　また，市民の活発な議論を重視する討議民主主義に立脚すると，教室で論争的な課題を扱い，ディベートやディスカッションを通して，意思決定・価値判断を行なったり，解決策を提案したりする活動が大切になるだろう。

　さらに，市民の公共的なものごとへの積極的な参加を重視する参加民主主義に立脚すると，学びの場を教室に留めずに，請願や投書など，社会へと発信する活動も大切になる。例えば，華井・大久保（2012）は，高等学校の公民科で「さいたま市政策づくり授業」を行っている。この授業では，生徒が班に分かれて，地域の問題を調べ，改善策を考え，市役所に提案している。こうした授業の成果として社会参加の意欲が高まることをあげている。自分の参加により社会を変えることができるという政治的有効性感覚を育む上でも，時事問題や地域の課題にふれ，社会がどのようにあってほしいかという願いをもつとともに，社会にかかわる方法を学ぶことが重要になる。

　以上のような授業を実施する上で，総務省と文部科学省が発行しWeb上で公表されている『私たちが拓く日本の未来』が参考になる。また，選挙管理委員会をはじめ，学外の諸機関やNPO団体等との連携も考えられる。その一方で，政治的中立性への配慮や，社会参加を伴う学習においては教師の一方的な主導になっていないかという点にも留意する必要がある。

参考文献

華井裕隆・大久保正弘（2012）「高等学校公民科におけるシティズンシップ教育実践」『社会科教育研究』115, pp.39-52。

若狭蔵之助（1973）『民衆像に学ぶ』地歴社。

柳田国男・和歌森太郎（1953）『社会科教育法』実業之日本社。

（村井大介）

Q4　法の教材研究の視点について説明しなさい

1．法の学習において大切にしたいもの

（1）法教育とは
①　法務省法教育研究会が考える法教育
　法教育という用語は，社会科教育を学びだしたばかりの学生や教員にとって耳慣れない言葉かもしれない。社会科教育では1990年代から注目するようになってきた分野である。法教育とはどのようなものであるか。ここで2004年に法務省法教育研究会が出した法教育の定義を見ていきたい。

> 　法律専門家ではない一般の人々が，法や司法制度これらの基礎になっている<u>価値を理解</u>し，<u>法的なものの考え方</u>を身に付けるための教育を特に意味するものである。　　　　　　　　（下線は筆者が付けた）

　法教育で大切にしている考え方の1つとして，「法や司法制度これらの基礎になっている価値を理解」することと，「法的なものの考え方を身につける」ことを重要視していることがわかる。単に法律の条文を知るだけの学習や判例をむやみに暗記するだけの学習に対して違いを示しており，法教育が「思考型」の学習であることを示している。また，社会への参加の重要性を意義づける社会参加型の学習にならねばならないと同報告書は述べている。ここから法の学習に対してどのような視点があるのかを検討してみよう。
②　法教育における「視点」とは
　法教育の教材研究を考える上での視点は，学習指導要領で言うところの

表7-4-1　法教育で用いる「見方や考え方」

中学校	効率と公正，対立と合意，個人の尊重と法の支配，民主主義など
高等学校	幸福・正義・公正，人間の尊厳と平等，個人の尊重，民主主義，法の支配，自由・権利と責任・義務など

「社会的な見方・考え方」であろう。特に法に関わる分野で言えば、以下（表7-4-1）のような部分があり得るだろう。

　これらの視点をもとにした教材研究を行っていく必要がある。問題はどのように教材研究をすすめていくかであろう。如何に法教育の視点からの教材研究を検討したい。

2．教材研究の進め方

　法教育の教材研究を進める上で重要なのは、対象となる生徒にとって抽象度が高い「見方や考え方」を教材（学習材）に落としこむことが出来るのかという点であろう。社会科教育はこれまでの授業実践でも「具体」と「抽象」の往還を実現しながら、生徒たちが学習内容を深めていくことを大切にしてきた。特に、中学や高等学校の教科書に書かれている内容は抽象度が高いことが多く、多様な生徒が在籍する中学や高等学校では社会科嫌いを生み出す原因になりかねない。そこで、下記の視点を大事にしながら教材研究をすすめていきたい。

（1）現実社会の課題を大切にする

　法の問題は法を学ぶだけで理解することが出来る訳でない。法律や条令には、立法趣旨となる社会的問題があったり、保護されるべき法益があったりする。法の裏に潜むような社会問題について丁寧にとりあつかうためには、具体的に新聞を用いたり、映像による教材をもちいたりすることも大切であろう。また、法学者が書いた新書などを読むと、課題へのアプローチが違う場合も多い。社会的な事象は幅が広いため、教員自身が積極的に様々なメディアに目を通すことも不可欠である。

（2）法教育を参加型学習にする

　法教育の学習は思考型の学習であると同時に、参加型の学習であることに特徴がある。法をめぐる参加でいえば、裁判員制度や検察審査会への参加など公的な活動がイメージできるであろう。しかし、公的な活動をするための前提としては、身近なところの活動をわすれてはいけない。生徒会の活動や近年注目されているネットによる署名活動の例もあるだろう。授業を超えて

社会参加の出来る場所を作ることも社会科教員や公民科教員に課せられた課題ともいえる。

3．まとめ

法教育は暗記型の学習ではなく，「思考型」であり「参加型」の学習であるところに特徴がある。生徒の「思考」や「参加」の楽しさを組みこんだ授業を如何にデザイン出来るか，そのような視点をもちながら法教育を推進していってほしい。

参考文献

法務省法教育研究会（2004）『法教育研究会「報告書」我が国における法教育の普及・発展を目指して――新たな時代の自由かつ公正な社会の担い手をはぐくむために』p.2。

江口勇治監修・編著（2018）『21世紀の教育に求められる「社会的な見方・考え方」』帝国書院。

NHK「アクティブ10公民」制作班編（2019）『NHK E テレで学びなおす日々変わりゆく「世界のいま」に10分で追いつく〈現代社会〉』NHK出版。

（加納隆徳）

Q5 国際社会の諸課題の教材研究の視点について説明しなさい

　社会科の目標に「グローバル化する国際社会に主体的に生きる」とあるように，社会科では国際社会の一員として国際社会の諸課題に向き合うことが求められている。世界的にも「国連ESDの10年」（2005-2014年）を経て，持続可能な環境・社会の構築のため「自分自身と社会を変容するために学ぶ（learning to transform oneself and society）」ことが一層重視されてきている。

　国際社会の諸課題の教材研究の視点を明らかにするために，ここでは高等学校で実践された大津（1987）の「一本のバナナから」の授業を取り上げる。この授業は，教室で生徒がバナナを食べることから始まる。バナナのラベルや値段に着目し，生産地とその歴史的背景である植民地支配に気付く。バナナ農園で働く人の過酷な実態（多国籍企業によって低賃金重労働を強いられ，農薬散布で健康被害を受けている）を，教員が現地で撮影したスライドを見ながら学ぶ。最終的には，このような状況に対する要望書を考えたり，「みなさんの国をどうすればいいかを考えて下さい」というフィリピンのバナナ農園で働く人のメッセージにどのように応えるかを考えている。

　この「一本のバナナから」の実践から国際社会の諸課題の教材研究をする視点として次の4つをあげることができる。第一に，「（生徒をひきつける事物や活動である）○○を通して，△△（の問題）を，××する」という単元設定の応用可能性である。大津（1987）の実践は「一本のバナナから南北問題を考える」といったものであった。このような単元設定を応用すると様々な授業が構想できる。例えば，三輪（2009）をもとにすれば「チョコレートを通してアフリカの児童労働の問題を考え私たちの消費活動を見直す」，中田（2018）のフード・マイレージを参照すれば「給食のメニューを通して食料輸入の地球環境負荷を考える」といった単元が考えられるだろう。

　第二に，国際社会の諸課題は，生徒にとって遠い存在に思われてしまうことがあるため，生徒が自分自身とのつながりを感じられるように工夫するこ

とである。こうした工夫として，「〇〇を通して」という国際社会の諸課題を取り上げる入口に，生徒にとって身近な事物をあげることが考えられる。「一本のバナナから」では，バナナという身近な食べ物によって生徒をひきつけ，知っているようで知らないバナナ生産の事実を突き付けることで，南北問題に気付き，バナナと自分との関係を見直すことを迫っていた。また，身近な事物を取り上げるだけでなく，学習活動を工夫することも考えられる。例えば，華井（2013）は，ロールプレイを通して，リビア紛争に対する国際連合の取り組みを理解し，紛争解決方法を考案する授業を行っている。

　第三に，取り上げる国際社会の諸課題（「△△の問題」）を生徒が切実な問題であると感じられるように工夫することである。「一本のバナナから」の実践では，現地へのフィールドワークで撮影した写真や，具体的な労働者の生活状況を効果的に示すことで，生徒の問題意識を高めていた。このように教員の徹底した取材や，深刻さが伝わる資料，当事者の声が鍵になる。

　第四に，国際社会の諸課題を扱う単元の到達点（「××する」）を，どこに置くのかを吟味することである。授業で，国際社会の諸課題を理解することに重きを置くのか，国際社会の諸課題の解決策を考えることに重きを置くのか，実際に何かしらの行動を起こすところまで取り組むのか，といったことである。到達点をどこに置くのが相応しいかは，扱う諸課題や生徒の状況によって判断することが求められるため，一概に論じることはできない。しかしながら，国際社会の諸課題の学習を教室だけのものに留めずに，実生活へとつなげていくには，Think Globally, Act Locally（「地球規模の問題を考えて，地域で行動しよう」）を意識し続けることが重要になるだろう。

参考文献

華井和代（2013）「紛争解決への取り組みを学ぶ国際平和学習」『社会科教育研究』118，pp.15-27。

三輪昭子（2009）『映画で地球を読む』黎明書房。

中田哲也（2018）『フード・マイレージ[新版]』日本評論社。

大津和子（1987）『社会科＝一本のバナナから』国土社。

（村井大介）

Q6 「現代に生きる自己の課題と人間としての在り方生き方」の教材研究の視点について説明しなさい

　高等学校公民科「倫理」の「A　現代に生きる自己の課題と人間としての在り方生き方」は，人間の存在や価値に関わる基本的な課題や，日本人としての在り方生き方について，思索する活動を通して探究する内容である。ここでは，教材研究の視点として3つのことを提起する。

　第一に，生徒が自分の言葉で考える場を授業内に設けることである。高等学校卒業後も自己や社会の課題と向き合いながら生きていくには，生徒自身が問いの主体になり，自分の言葉で考えることが大切になる。2018（平成30）年版学習指導要領でも「哲学に関わる対話的な手法などを取り入れた活動を通して，生徒自らが，より深く思索する」ように記されている。対話的な手法の例として，ソクラテスの研究者であった林（1990）は，小学生を相手に授業「人間について」を実践している。この授業では，「人間とは何か」を児童との問答を通して探究している。教師の一方的な独話（モノローグ）ではなく，対話（ダイアローグ）で授業を展開している例として参考になる。また，近年では，哲学に関わる対話的な手法として，哲学対話の実践が着目されている。こうした実践の一例は，映画『ちいさな哲学者たち』にみることができる。この映画は，フランスの幼稚園での実践を撮影したドキュメンタリーである。幼稚園の園児たちが，車座になり，教師のファシリテートのもと，「自由とは何か」「死とは何か」「愛とは何か」といったテーマを自分の言葉で考え，対話している。こうした手法も参考になるだろう。

　第二に，目の前にいる生徒の直面する課題に応えるにはどうすればよいかを意識することである。「倫理」の魅力であると同時に難しいところは，生き方そのものに向き合うことである。かつて倫理を担当する教師の研究会が『キミの悩みに乾杯！』という本を刊行していたが，時には生徒の悩みに寄り添うことも大切になる。『希望格差社会』（山田昌弘，2007，筑摩書房），『子ど

もの貧困』（阿部彩，2008，岩波書店），『友だち幻想』（菅野仁，2008，筑摩書房），『教室内カースト』（鈴木翔，2012，光文社），『若者が無縁化する』（宮本みち子，2012，筑摩書房），『つながりを煽られる子どもたち』（土井隆義，2014，岩波書店），等々，青少年の置かれている厳しい社会状況や人間関係を捉えた書籍が書店にもならんでいる。学校や学年によって個々の生徒の置かれている状況は大きく異なる。「倫理」で人間としての在り方生き方について思索することが，こうした生徒の直面している現実，さらには，将来の悩みにどのように応え得るのか，教師自身も寄り添いながら考える必要がある。

　第三に，人間としての在り方生き方を学ぶ上で，どのような人物を取り上げるのか，教師自身も考えることである。「倫理」の教科書や資料集には，先哲をはじめとした多くの人物が掲載されている。こうした先哲の思想や著作，芸術家の作品などにふれることは，とても意義がある。その一方で，教科書や資料集に掲載されている人物が，生徒が自己の課題と向き合う上で，また，人間としての在り方生き方について思索を深める上で，相応しいか否かを問い直すことも大切である。例えば，服部（1997）は，工業高校の「倫理」の授業で尾崎豊を取り上げている。また，『平和をつくった世界の20人』という本では，ワンガリ・マータイをはじめ，あまり「倫理」の教科書ではみることのない人物が，人種・性別・宗教などのバランスも配慮しながら20名取り上げられている。「倫理」の教科書・資料集で取り上げられる人物の性別や出身地は偏っていないだろうか。「倫理」の知の在り方そのものを，教師自身が考え，問い直していく必要があるだろう。

参考文献

服部進治（1997）「授業・尾崎豊の「生と死」を読み解く」『未来をひらく教育』110，pp.34-39。

林竹二（1990）『授業　人間について（現代教育101選）』国土社。

ケン・ベラー，ヘザー・チェイス（作間和子・淺川和也・岩政伸治・平塚博子訳）（2009）『平和をつくった世界の20人』岩波書店。

東京都高等学校公民科「倫理」「現代社会」研究会（1999）『キミの悩みに乾杯！』毎日新聞社。　　　　　　　　　　　　　（村井大介）

Q7 「現代の諸課題と倫理」の教材研究の視点について説明しなさい

　高等学校公民科「倫理」の内容「B　現代の諸課題と倫理」は，「(1) 自然や科学技術に関わる諸課題と倫理」「(2) 社会と文化に関わる諸課題と倫理」の2つの中項目によって構成されている。(1) では，生命，自然や科学技術などと人間の関わりについての倫理的課題，(2) では，様々な他者との協働，共生に向けて，福祉，文化と宗教，平和などについての倫理的課題，を扱う。ここでは，教材研究の視点として3つのことを提起する。

　第一に，何をどのように問うのか，問いを探究することが何を為すことにつながるのかという視点を持ち，教員自身も問いに向き合いながら考えることである。例えば，大谷（2004）は，生命倫理の授業を行った際に，「生命の質が低くなった老人や重度障害者が，社会や家族への負担をへらすために自ら死を選ぶべきだと考えるように援助することこそが，進化した社会である」と論じた生徒の小論文を発見し，「驚愕」した経験をあげている。その上で，授業で「生と死の問題群の是非を問う」こと自体が，「質による生命の序列化と死への廃棄」（その人自身の存在を抹消する形）で問題を解決しようとすることにつながると，懸念を表明している。あることを問うことが，意図とは異なる方向で，課題を構築してしまうことがある。現代の倫理的諸課題は様々な価値の対立する根の深い問題である。問うことそれ自体にも配慮や慎重さが求められる。

　第二に，倫理的諸課題に関する言説を様々な視点から収集することである。生命，自然，科学技術，福祉，宗教，平和といった事象は，時々刻々と変化している。こうした事象に関するメディア等の言説を日ごろから収集することが大切になる。ここでは倫理的諸課題に関する言説を収集する際に，着目したい点を2つ提起する。一つ目は，その諸課題と深く関わる「当事者」の声である。実際に諸課題に直面し葛藤を抱えた人の声に耳を傾けることは，時には聴く側も苦痛を伴い，決して楽なことではない。しかし，鷲田

（2015）は,「聴く」ことは,「傷つきやすさ」を伴うが, そのことが他者を迎え入れる「ホスピタリティ」とむすびついており, 他者と自分理解の場を劈くことを指摘している。他者を受け入れること, 他者の声を社会へと共有していくことは, 生徒にとっても, 社会にとっても意義のあることである。

2つ目は, 様々な関与者に目を向けて言説を収集することである。上野（2011）は, 福祉多元社会を捉える上で,「官セクター（国家）」「民セクター（市場化）」「協セクター（市民社会）」「私セクター（家族）」の4つのセクターに着目して分析している。福祉に限らず, 生命や環境などでも, こうした4つのセクターが互いに影響を及ぼしている側面がみられる。諸課題を取り巻く事象の複雑さを理解する上でも, 様々な関与者の立ち位置や主張を整理しながら, 言説を捉えるとよいだろう。

　第三に, 生徒と諸課題の出会わせ方, 関わらせ方を工夫することである。まずは, 単元の入口として, 生徒と諸課題の出会わせ方を考える必要がある。倫理的諸課題への入口として映画や絵本などの物語が有効な場合もある。先に取り上げた大谷（2004）では, 論文中で映画『ガタカ』に言及しているが, こうした映画も授業の導入で用いることができるだろう。次に, 生徒自身が取り上げる諸課題とどのように関わっているのかに気付かせることが大切である。無自覚のうちに関与している諸課題（例えば, 自文化中心主義）もあれば, 将来に直面する可能性がある諸課題（例えば, 出生前診断）もあるだろう。最後に, 諸課題を考察するにあたっては, これまで学習してきた内容, 特に,「現代に生きる自己の課題と人間としての在り方生き方」で扱った先哲の思想が手がかりになる場合がある。生徒自身の経験やこれまで学習してきた見方・考え方, 先哲の思想などとも関連付けながら, 生徒が現代の倫理的諸課題について考察できるように支援していく必要がある。

参考文献

大谷いづみ（2004）「生命「倫理」教育と／の公共性」『社会科教育研究』92, pp.68-78。

上野千鶴子（2011）『ケアの社会学』太田出版。

鷲田清一（2015）『「聴く」ことの力』筑摩書房。　　　　　　（村井大介）

Q8 「現代日本における政治・経済の諸課題」の教材研究の視点について説明しなさい

1.「現代日本のおける政治・経済の諸課題」

(1) 政治の諸課題の探し方

　どんな社会も，その制度を設計した時に想定していなかったことが課題となる。「想定外」を探すヒントは「○○化」という言葉である。情報化，少子高齢化，グローバル化，国際化等が起こっているのに，政治のしくみが対応できていないから「課題」となるのである。地方の政治を考える場合は，これらに加えて，過疎化や人口減少もキーワードとなる。それぞれの地域や社会が直面している「○○化」をまず，発見していくことが第一歩である。

(2) 経済の諸課題の探し方

　「経済の諸課題」を考える場合も，同様である。経済の諸課題に関連する「○○化」は，上記に加えて，AI技術の進歩，市場化，サービス化等がある。また少子高齢化に関連して，非婚化や晩婚化，核家族化や独居世帯の増加などがある。過疎化や都市部への人口集中や，働き方の変化も鍵となる。

2. 何を「課題」としてとらえ，どのように教材化していくか？

(1) 何が，だれにとっての「課題」なのか？

　何を課題として認識するかは，立場によって異なる。株価の下落に悩まない人もいるし，それが切実な人もいる。学習指導要領や教科書等に「課題」としてあがっているものは，誰にとっての「課題」なのか，教材化する時には吟味しておきたい。これは，授業者がどのような立場から社会を見つめていくかということでもある。

(2) 政治の諸課題の教材化の手順

　少子高齢社会は「課題」であるとよく言われる。もし「政治の課題」であるとしたら，それはなぜなのだろうか？　具体的に見てみよう。

図7-8-1は，国立人口問題研究所の人口ピラミッドのデータに，20歳から10歳ごとに横線を加筆したものである。

10歳ごとの人口比は，年代によって大きく異なるので，この状態で一人1票で投票すると，高齢者の意見の割合が自然と高くなる。

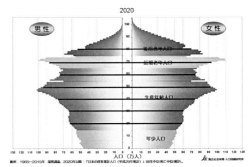

図7-8-1　日本の将来推計人口（平成29年推計）
（出典：国立社会保障・人口問題研究所，2017）

事実を確認した後にこれを「課題」とみなす場合，その理由を考えていく。若い人にとって「課題」であっても，高齢者にとってはアドバンテージであり，特段の課題とはみなされないことも留意しよう。その上で，この「課題」にどう対処していけばよいか，改善策を考えさせる。これが，社会参画であり，構想する，ということである。改善策を考察させたら，具体的な実現に向けてのステップも提案できるようにさせるとよい。

誰にとっての課題であるか，を考える視点には，男性か女性か，富裕層か貧困層か，都市部か過疎地域か，単身者か家族がいるか，子どもの有無，障害や病気の有無，人種や国籍などがある。

（3）経済の諸課題の教材化の手順

「少子高齢社会」を経済の課題として考える場合も，手順はほぼ同じである。まず，少子高齢社会が，経済にもたらす影響を予想し，次にそれが事実であるか，データに基づいて確認してみる。経済の視点で分析する場合には，まず実際の数値や金額，変化の程度を確認する必要がある。これに基づいて，事例の「評価（判断）」に進み，「課題」であるか判断するのである。

「課題」の対策案を考える場合は，具体的な数値との比較も必要である。年金の支給金額を考えるのであれば，現役の労働者の賃金，生活保護費，時代ごと，子どもに対する給付との比較，保険料として支払ってきた金額と受け取る金額との比較，等である。その際，公正，効率，幸福などの見方や考

え方を用いて，判断していくとよい。

参考URL
国立社会保障・人口問題研究所（2017）http://www.ipss.go.jp/site-ad/TopPageData/
PopPyramid2017_J.html

（升野伸子）

Q9 「グローバル化する国際社会の諸課題」の教材研究の視点について説明しなさい

1.「グローバル化」と「国際社会」

（1）「グローバル化」と「国際社会」のイメージを明確にしておく

　グローバル化とはどのような状態か？ 国際化とどうちがうのか？　これらの言葉は意外に難敵である。教材研究の前に自分の言葉で説明したり，類義語・同義語・反対語・具体例をみつけたりして理解しよう。スタート地点で間違うと，的外れな教材研究となってしまう。

（2）「グローバル化する国際社会」をどの視点からとらえるか？

　現代社会が「グローバル化する国際社会」である以上，実はその教材は，どの地域にも存在している。

　教材を選択する際には，生徒にとってイメージしやすいもの，地域で実際に課題となっているもの，共感できるものでありたい。地域の学校もあれば，広い通学区から電車で通ってくる生徒からなる学校もあるので，校種や所在地によって，生徒が自分ごととして感じられる内容は異なってくる。

　学習の進め方としては，「①まず具体的な事例を掘り下げながら，その背景にある「グローバル化する国際社会」を扱うという順序で進める方法」もあれば，「②『グローバル化する国際社会』の枠組み全体を先に示した後に具体的な事例をとり扱う方法」もある。

　教科書では，生徒が全国にいることを想定しているため，方法②が提示されることが多い。しかし，教室の学びにおいては，方法①も有効である。

　方法①の事例を一度学んでおくことは，今後生徒が「ある事例」に遭遇したとき，その事例にはどのような背景があるのか，どのように対応していけばよいのか，個人でできることはどこまでなのか，社会として，行政として何ができるのか，考え行動するための経験として生きていく。

２．方法①の場合の教材化の手順

（１）地域密着型の教材研究

「外国人研修生が日本の農業を支えている」というトピックを扱う場合，どの面がグローバル化で，どの面が国際化なのだろうか？

人の往来が容易になる面と，研修生として得た賃金（報酬）を容易に出身国に送金できること，つまり人と資金の移動が容易になっていく点がグローバル化の側面である。これに対して，○○国人研修生が滞在している地域（場所）では，○○国の文化，食材，言語などを介して国際化が進んでくる。

また，なぜ外国人研修生が日本に来て働くのか，国内の状況の理解と，相手国の様子もふまえておく必要もある。高校生には，そこに介在するブローカーとか地下組織といったものの存在に気づかせることも必要かもしれない。

では，この教材において，何を「課題」とみなすのであろうか。このときもＱ８（pp. 203-205）と同様，「何が，誰にとっての『課題』なのか？」という視点が不可欠である。この教材の場合，雇い主，働き手，地域で当事者ではないが周辺にいる人，この制度がよりよいものになるよう努力している官民の人たち等，異なる立場を扱いつつ，自分の意見や考えをまとめていく学習をつくっていくことができる。

このように，地域の課題に見える教材を通じて，国際社会の特色，関連する国際機関，為替相場のしくみ，グローバル化の実態，地域統合の現状や課題などにも目を向け，国際社会についての学習を進めることもできる。

（２）スケールを広げた教材研究

外国人研修生の教材は，対象とする領域のスケールが，比較的小さいものである。領域が小さければ具体性はあるが汎用性は少ない。スケールを大きくして国家規模や遠い外国の教材を選ぶと，汎用性は大きいが具体性や切実性に欠ける。どちらを選択するかは，生徒の状況や校種にもよるだろう。

参考URL

国際貿易投資研究所（ITI）　http://www.world-economic-review.jp/impact/article1005.html

（升野伸子）

Q10　公共の教材研究の視点について説明しなさい

1．公共の教材研究の視点

　高等学校公民科の新科目『公共』の教材研究はどのように行うことが求められるのだろうか。ここでは教材研究の視点として，新しい学習指導要領で改訂された部分を中心に話題提供し，教材研究の在り方を考えてみたい。

　今回の学習指導要領改訂では，「主体的・対話的で深い学び」や，言語活動の一層の重視，具体的な体験を伴う学習活動の充実などが示されている。これらに共通するのは，参加を伴う学習活動が具体的に明示されたということであり，教材研究をする視点としても大切にしたい。参加を伴う学習活動に重要なのは，「活動」を何のためにするのかという視点である。昔から言われていることではあるが，「活動あって学び無し」に陥らないようにするためには，学習活動が本当に生徒にとって必要性を感じるものになっているかを今一度問うことが必要になる。逆に，教科書に活動的な学習が指示されているからといって安易に参加型活動を問い入れた場合，授業を受けた生徒から「今日何を勉強したのか分からない」という声が聞こえかねないのである。そのためにも学習活動の在り方が問われてくると言えるだろう。

2．参加型学習の条件と資質・能力との関係

　参加型学習を行う上で大切にしなければならないのは，学習活動としての習得と活用・探究をどのように展開するかを考えることであろう。一般的に，学習活動を「習得」・「活用」・「探究」を分けて指導案を考えることが多い。しかし，普段の学習を考えた場合，行きつ戻りつしながら，らせん的に知識が統合的になっていく姿の方がしっくり来る方も多いのではないだろうか。参加型学習を行う際に，それらを分断して学習活動を計画してしまうと，「習得」の時間だから講義の時間を，「探究」の時間だから調べる時間をと生徒の学びを細切れにしてしまうおそれもある。懸念を払拭するためにも，今

の活動がどのような学びに繋がるかを考えることが大切なのであり，その活動は本当に必要な資質・能力を育成出来ているのかを問い直してほしい。

今回の指導要領改訂に伴い，公民科の目標において「資質・能力」が整理されることになり，3つになった。ここで言う資質・能力とは，

---

(1) 知識及び技能が習得されるようにすること
(2) 思考力，判断力，表現力等を育成すること
(3) 学びに向かう力，人間性等を涵養すること

であり，これを偏りなく実現できるように目指している。学習活動をデザインする上でこの資質・能力をどのように育成するかを考えることは重要になる。

3. 生徒目線にたった教材研究を

具体的にはどのような教材研究を行っていくべきなのだろうか。科目「公共」は新科目でもあるため，教える側の教員も自身の学習経験がないために不安がつきまとう。しかし，公共における学習は，以前から行われてきた「現代社会」をはじめとした公民科での行われてきた実践が否定されているものではない。新科目とは言っても，「公共」はこれまでの経験を基に，更に生徒たちの学習活動をブラッシュアップしていくことを求められている。

教科書から教材研究の始める人は多いだろう。もちろん，指導する教員が教科書を読み込むことは重要である。教科書は，過不足なく情報が掲載されており，情報の整理という点では優れている。一方，現代社会は日々刻々と変化しており，数年前に検定を通った教科書のみで授業をするのは，ともすると授業で話されている話題が遠い話に聞こえる危険性もある。そのためは，教科書の行間を埋めるような時事的な話題を準備した上で，教科書と時事的な問題との繋がりを作っていくことが必要になる。

そのために準備として，最近のニュースや新聞記事に目を通すだけでなく，どのような学習活動が展開出来るかを具体的に考えながら，それらを読

んでみることである。時に，教員は知識を学ぶだけで楽しいと思うことも多いかもしれない。しかし，多くの生徒にしてみれば，公民科が得意ではないという生徒の視点をもつことも大切なのである。

　社会問題の解決策を構想するにあたって，意見が対立している理由はなんだろうとか，解決するために必要な知識は何が必要だろうかという視点をもたないといけない。自ずと関連する教科書の行間部分を，新書や書籍などへ求めることになってくる。教科書に書かれてない行間に，執筆者や社会の側の問題意識が隠れているからである。

　昔から言われていることだが「教科書『を』教える」のではなく，「教科書『で』教える」というスタンスが大切である。教材研究は，ともすると教えるという視点に注目しがちであるが，生徒を主体にした「学ぶ」という視点に教員自身が教材研究の在り方を変える必要があるだろう。生徒自身が問題意識をもったり，知識と知識をつなげたりする喜びを見いだせるよう，私たち教員の側に教材研究の工夫が求められるだろう。

参考文献

文部科学省（2019）『高等学校学習指導要領（平成30年告示）解説　公民編』東京書籍。

（加納隆徳）

第8章

中等社会系教科の
教師の職能成長

Q1 授業研究のあり方について説明しなさい

1．授業研究とは何か

　授業研究とは，一般的には，授業者である教師が，自らの授業の質を高めていくために，PDCA（Plan-Do-Check-Action）の過程に沿いながら，授業の構想，授業の実践，授業の分析・評価，授業の改善（新たな授業の構想）という一連のプロセスで進める，実践的研究のことを意味する。そもそも授業とは，その教室の中でその教師とその子供たちとの間で展開される一回性の強いものであるが，そのあり方を事後的に分析・評価することで，次の実践に対する示唆を得ようとする点で，授業研究は未来志向的な行為といえる。

2．授業研究の視点

　授業研究はどのような視点に基づくかによってそのあり方が異なる。渡部（2014）に整理されているように，その成果として，「個別性・一回性」を重視するか，「普遍性・汎用性」を志向するか，という2つの系譜が存在する。

（1）個別性・一回性を重視する授業研究のあり方
① 子ども研究を基盤にした授業研究
　このあり方においては，授業前における，子どもたちの認識を支えている「思考体制」の読み取りを重視し，そこに欠落や偏りがあれば，それを変容

させる（成長させる）ことを目的として授業を組織する。教えるべき内容はあらかじめ設定されるのではなく，あくまでも目の前にいる子どもたちが抱える課題や問題意識から設定される。そのため，授業前における子どもたちの状況を始点として，授業内での教師や子どもたちの発言を逐語的に記録したプロトコル，授業時間ごとに個々の子どもたちがどのような反応を示したかを整理した座席表や，それらを蓄積して作成したカルテ，折々に書いた感想文等を解釈・評価することで，授業における個々の子どもの認識や態度の変容を読み取るなどの「子ども研究」を重視する。

　このような子ども研究を基盤にした授業研究としては，古くは，重松鷹泰らによって取り組まれた「R.R.方式（相対主義的関係追求方式）」などが著名であり，現在においても，例えば，民間教育団体の1つである，社会科の初志をつらぬく会において取り組まれている。

② "Lesson Study"としての授業研究

　このあり方は，子ども研究を基盤にした授業研究とは異なり，あらかじめ設定された目標をよりよく達成するために，授業はどうあるべきであったかを，授業者と参観者が共同して検討するものであり，授業改善を通じた教師としての力量向上がめざされる。多くの場合，1時間程度の公開授業とそれに向けた事前準備と検討，事後検討会によって進められる。事後検討会では，学習指導要領等に示された目標をよりよく達成するために，検定教科書に基づく学習内容を確実に理解させるための効果的で効率的な手立て，例えば，発問や指示（声かけ），提示する資料や板書内容等の妥当性について検討される。授業者の意図に沿った内在的な議論が交わされる場合が多いが，授業者が意図していない外在的な指摘がなされ，多岐にわたる議論が展開されてしまうこともある。各自治体の指導主事や教育研究者などが指導助言者として関わり，校内研修や公的研修の一環として取り組まれることが多く，現在，学校現場において取り組まれている授業研究のほとんどは，このあり方に該当すると思われる。

　授業改善と教師の力量形成を目的に行われる，このような授業研究のあり方は，アメリカやアジアを中心にヨーロッパにも普及し展開されており，

"Lesson Study" として，世界的にも注目を浴びている。

（2）普遍性・汎用性を志向した授業研究のあり方

① 教育技術の法則化をめざす授業研究

　このあり方は，ある目標を達成するために効果的で効率的な方法や教育技術を明らかにしようとするものであり，"Lesson Study" とは異なり，子どもたちや学校，地域社会の状況など，授業を取り巻く具体的な状況や場面を超えて，多くの授業者たちが共有できる方法や教育技術の定立を志向する。

　このような授業研究のあり方としては，例えば，1980年代に向山洋一を中心に展開された「教育技術の法則化運動」が著名であり，その活動は現在，TOSS（Teachers' Organization of Skill Sharing）に引き継がれている。近年では，インターネット上で教育技術を共有化できるようになっている。

② メタ的な視点に基づいた授業研究

　このあり方は，教科（社会系教科）の理念に適う授業のあり方を原理的に考察しようとするものである。具体的には，「民主的な国家・社会の形成者の育成」という社会系教科に期待される教育的役割（教科の理念）から，そのために必要となる社会の見方・考え方を検討し，そこから個々の単元や授業を通じて達成すべき目標を設定し，そのために最適の内容と方法を検討する。つまり，「社会系教科とは何か」というメタ的な視点から，個々の授業における目標・内容・方法のあり方を問い直そうとするものである。

　このような授業研究は，社会系教科の固有性を重視する社会科教育学研究者やその影響を受けた実践者によって進められることが多い。具体的には，外国研究や歴史研究等，ある事例を分析検討することでそこに内在する授業理論を解明し，その応用可能性を論じる研究や，特定の授業理論に基づいた授業プランを開発し，その試行・検証を繰り返していく研究を軸に，「社会系教科としての普遍的な良さ」を追求するものになっている。

3．中等社会系教科に求められる授業研究の視点

（1）「なぜ社会系教科を学ぶか」を意識した授業の実現に向けて

2018，2019（平成29，30）年告示の中学校，高等学校の学習指導要領で

は，各教科の特性を踏まえた上で学習者である子どもたちにとって意義ある学びの実現が求められている。中等社会系教科の授業は，ともすれば地理や歴史，政治や経済等に関する専門的な知識の伝達に留まりがちであるが，今改めて，「なぜ社会系教科を学ぶか」を意識した授業づくりが求められている。そのためには，授業の目標・内容・方法をどのようにデザインすることが子どもたちにとって意義ある学びにつながるか，社会系教科の理念を意識したメタ的な視点に基づいた授業研究を前提として考えていく必要があろう。

（2）社会系教科における授業研究の新たな視点

南浦（2019）においては，社会系教科の理念を意識したメタ的な視点に基づいた授業研究を，授業を取り巻く多様な状況を捨象した「論理実証アプローチ」として，その限界性を踏まえて，授業者である教師や学習者である子どもたちを取り巻く社会・歴史・制度・規範等の状況に着目した「社会的・文化的アプローチ」に基づく授業研究の必要性が論じられている。社会系教科としての普遍的な良さの追求は，誰もが参照可能な規範の定立につながる一方で，学力の二層化，特別な支援を要する子どもたちや外国人児童生徒への対応等，近年の学校現場の状況変化の中では，それらの規範の適用が難しい場合も多い。また，「安全を考える授業」を例にあげれば，子どもたちが普段どのような社会生活を送っているか，その学校や地域の安全がどのように守られてきたか等，その社会関係のあり方に応じて意義ある授業のあり方は異なってこよう。普遍性の追求に伴う，こうした限界性を認識した上で，教室空間の外にあって子どもたちの学習に影響を与える政治的・経済的な環境，エスニシティや言語の多様性等，それぞれの状況に応じた意義ある社会系教科の学びを追求しようとする授業研究のアプローチが注目されてきている。

こうした新視点やそれぞれの授業研究のあり方の特性を踏まえた上で，各教師は，授業づくりの主体として自律的な授業研究を進めていく必要がある。

参考文献

南浦涼介（2019）「協働・対話という視点によって授業の何が見えるか？——
　　　論理実証アプローチと社会文化的アプローチ」梅津正美編『協

働・対話による社会科授業の創造——授業研究の意味と方法を問い直す』東信堂，pp.22-42。

渡部竜也（2014）「中等社会系教育における授業分析方法論」棚橋健治編『教師教育講座　中等社会系教育』協同出版，pp.235-249。

（角田将士）

Q2　教材研究のあり方について説明しなさい

1．教材研究とは

「教材研究」という用語は，よく使われる。狭義では，文字通り「教材を研究」するものである。しかし，「授業づくり研究」や「授業研究」と同じように広義に用いられることもある。多用されるがゆえ多義的な用語である。どのように考えていけば良いのであろうか。教師の営みである「教える」と「子どもが学ぶ」という行為にそって整理してみる。

（1）「教える内容」を研究する

「教える内容」を研究する場合，次の3点に分けることができる。

① 「教える内容」の詳細な研究：授業において取り上げる内容について，広く深く研究することである。取り上げる内容に関して，大量の情報を獲得することとなる。

② 「教える内容」の伝達を研究：①で獲得した大量の情報から，一単位時間内で伝達できるよう，取り上げるべき情報と削除していく情報を区分する研究である。①の成果を「情報」とラベリングすれば，ここではじめて「教材」とラベリングできる。

③ 「教える内容」の道具を研究：②の内容を効果的に伝えるための資料・道具等をつくっていく研究である。「教材」をより具象化する道具を作成するので，「教具」づくりともいえよう。

（2）「教えることを中心とした授業」を研究する

「教えることを中心とした授業」を研究する場合，次の3点に分けることができる。

④ 「教えることを中心とした授業」の内容を研究：①～③でつくってきた「教材」や「教具」をどのように子どもに提示していけば良いかの研究である。それらを関連させたり，並べ替えたりすれば一単位時間の授業，あるいは，それらをまとめた単元となるかを考えていくことでもあ

る。学習指導案における「題材設定の理由」などの項目での「教材観」が，ここでまとまる。

⑤ 「教えることを中心とした授業」の方法を研究：④の内容を，どのような方法で提示していけば良いかの研究である。内容にそった無理のない方法を考えていく必要がある。また，「チョーク・アンド・トーク」という教師による説明・伝達のみの方法が否定的に捉えられている。子どもが主体的になるよう教える方法が求められている。学習指導案における「題材設定の理由」などの項目での「指導観」が，ここでまとまる。

⑥ 「教えることを中心とした授業」の目標を研究：④と⑤を通して，一単位時間や単元において，子どもにはどのような知識や技能，能力，資質が身に付くのかの研究である。学習指導案における「単元の目標」，「本時の目標」が，ここでまとまる。

　ここまでの，①～⑥は，「教える」行為による整理であった。中等社会系教科では，教師が教える内容と子どもが学ぶ内容は同じになると考えられてきた。

（3）「学ぶことを中心とした授業」を研究する

　教師が教えたことをトレースするように「子どもが学ぶ」のかという点に疑問をもつことが多くなっている。そこで，「学ぶことを中心とした授業」を研究する場合，次の3点に分けることができる。

⑦ 「学ぶことを中心とした授業」の目標・意義を研究：①～⑥でできた学習指導の案は，授業をする眼前の子ども（一人一人，学級集団）にとって，どのような意義があるのかを研究する。そうして，学ぶ意義にもとづく目標を成立させていく。

⑧ 「学ぶことを中心とした授業」の内容を研究：⑦にもとづくと，取り上げるべき内容はどのように加工し，提示すべきかを研究する。教師が教えたい内容とかけ離れないようにするせめぎ合いが，教師の中におこるであろう。それを実現する「問い（主発問）」にたどり着けば安心である。

⑨ 「学ぶことを中心とした授業」の方法を研究：子どもが，このような活動をすればよりよい学びになる。そのために，教師は，どのような指導・

支援をするかを研究する。

2．教材研究の方法

9つに整理した「教材研究」について，どのように進めていけば良いのか提案してみたい。

（1）「教える内容」を研究する

① 「教える内容」の詳細な研究：教科用図書の内容理解が第一歩である。教科用図書にそのように書かれている理由が説明できるようになろう。中学校段階なら高等学校の教科用図書内容を理解し，高等学校段階であれば大学の概論テキストや専門書の内容を理解すると良い。また，身近でおこっている出来事にもアンテナをはって収集しておくと良い。

② 「教える内容」の伝達を研究：①で獲得した大量の情報と教科用図書の記述を比較し，精選していくと良い。（筆者の感覚では，①で獲得したものの10％が授業で使えれば，「①と②は成功」と思っている。）教師の職能成長に従って，削除する勇気が身に付く。さらに，削除したものは，別のところで有効に活用する図太さも身に付く。

③ 「教える内容」の道具を研究：まずは，教科用図書に掲載されている資料を参考にして作成してみよう。最近では，ICTによる提示が増えているので，教具作成にかける時間も短縮できるようになっている。

（2）「教えることを中心とした授業」を研究する

ここでは，①〜③までの狭義の「教材研究」に加えて，「授業研究」の視点を加味していけば良い。その場合，「教えることを中心とした授業」の④内容，⑤方法，⑥目標を一体的に研究することが重要である。

（3）「学ぶことを中心とした授業」を研究する

ここでは，①〜③までの狭義の「教材研究」，④〜⑥での「授業研究」の視点に加えて，「子ども研究」の視点を加味していくと良い。「学ぶことを中心とした授業」の⑦目標・意義，⑧内容，⑨方法を，担当している子どもたちの姿を思い浮かべながら研究することになる。

3. 今，できること

「教材研究」に関わって，筆者は，次の3点を心がけている。

① さまざまな道具を使って，気になるものをデジタル保存しておく。

② 日々生活している中でであう事象について，「これは，授業で使えるかも」「気になるな」「教科書の○○の部分と関連している」と気づくことができる感覚を養う。

③ 社会的事象を，自分はどのようにみているのか（例えば，権力者の側でみているのか？被支配者の側にたっているのか？それらのどちらでもないのか？など）が分かるメタ認知を忘れない。

参考文献

有田和正（1997）『「追究の鬼」を育てるシリーズ⑱　社会科教材研究の技術』明治図書出版。

有田和正（2004）『指導力アップ術⑲社会科教師　新名人への道』明治図書出版。

岩田一彦（1991）『東書ＴＭシリーズ　小学校社会科の授業設計』東京書籍。

（鴛原　進）

Q3　子ども（生徒）研究のあり方について説明しなさい

1．子ども研究とは

　社会科・地理歴史科・公民科の教師は，社会研究について長けている必要があることは言うまでもないが，教師の仕事が児童・生徒と関わり合う以上，子ども研究についても意識を欠くわけにはいかない。子ども研究は，教師の職能開発上，ある程度経験に依存する側面がある。けれども，経験年数の少ない若手教員が子ども研究を諦めたり，ベテラン教員が経験だけを糧に自身の力量を過信することは禁物である。

　子ども研究は，子どもに寄り添うため，教育心理学や教育方法学の成果を活用した汎用的な（教科固有とはいえない）方法論をとることになる。教師による子ども研究は，以下の3つのような領域に区分できるであろう。

　①教育心理学の知見を生かした授業構想

　②個々の子どもに着目した授業研究からの学習指導へのフィードバック

　③教員研修を介した子ども研究能力の向上

　ここでは，社会系教科の教育を担う教師にとっての子ども研究のあり方について，専門職としての教師が担う3つの局面——授業構想，授業研究，教員研修——に分けて，論じることにする。

2．教育心理学の知見を生かした授業構想

　中学生や高校生は，社会系教科に関する認識や能力をいつごろ発達させていくのか。発達は個による違いが大きく，子どもによって一様ではないことはもちろんであるが，教師は子どもの発達特性の大まかな傾向性について把握しておく必要があるだろう。教育心理学の研究成果によれば，社会認識についての発達段階は，5〜6歳児の頃は社会についての理論枠組みが欠如した段階であるが，7〜9歳児になると社会について初歩的な理解ができる段

階に移行するとされる。やがて，10歳児以降になると，社会について全般的な理解へと進んでいくようである。

　かといって，12歳以降の中学生や高校生であれば，正しく社会について認識しているかといえば，そうとは限らない。同様の教育心理学の成果によれば，銀行についての認識は大学生でも不十分な結果が現れている。銀行は家計や企業から資金を預かり，企業などに対して資金を貸し付ける業務を行っているが，子どもは銀行を貯金箱のように預金をしまっておく場所としてとらえたり，政府の機関や企業の財務部のように認識したりする傾向がある。このように，直接観察や体験などの機会が限られている社会事象については，断片的な理解にとどまっているという特徴がある。

　その一方で，社会系教科に関する能力のうち，何を重要視するかについて示唆を与えてくれる研究成果もある。前田健一らの研究によれば，批判的思考力が高い子どもは社会科授業に対する強い関心・意欲をもち，社会的事象について理解しようとする態度が高いことが明らかになっている。これらの研究成果から，数ある能力のなかでも批判的思考力の育成に主眼を置き，それを契機にしての統合的な認識・資質の育成をねらって，授業構想していくスタンスがあり得る。

　教師による子ども研究の1つ目は，上述のような教育心理学による知見を生かして，社会認識や能力を次なる段階へと発展させていくことをめざした授業をつくることである。そのためには，まず，子どもの発達特性の全般的な傾向性について，理解をしていく必要がある。

3．個々の子どもに着目した授業研究からの学習指導への　　フィードバック

　社会系教科教育の教師は，自身や同僚が実践した授業についての考察，すなわち授業研究のなかで子ども研究をしていくことがある。日本における授業研究のうち，個々の子どもに着目した授業研究方法論を打ち立てた著名な団体として，「社会科の初志をつらぬく会」がある。同会の名誉会長である上田薫（1920-2019年）による個に即した授業研究の方法としては，カルテ，

座席表，全体のけしき，抽出児，座席表指導案がある。また，同会所属の市川博と横浜市山元小学校による名札マグネットを用いた授業実践がある。子どもの考えを教師が把握するだけでなく，子どもが名札マグネットを黒板に掲示することで，討論場面における自己の立ち位置と他者の意見を把握し，グループやクラス全体での課題解決に生かしていくという方法である。これらの方法論を用いた授業研究は，個々の子どもに寄り添うという性格上，たしかに初等教育段階を中心にして営まれてきた傾向があるが，方法論である以上，中等教育段階にも適用可能である。

　教師による子ども研究の2つ目は，上述のような授業研究による知見を生かして，自身の授業実践のなかで個々の子どもの認識や意見に寄り添い，画一的な到達目標というよりも，むしろ個々の子どもの成長に資するような学習指導を展開していくことである。そのために，受け持つ学級における個々の子どもの関心事についての把握に努め，日々の授業実践のなかで（偶発的にではなく）意識的に関連づけを図っていく必要がある。

4．教員研修を介した子ども研究能力の向上

　社会系教科教育の教師は，教室や学校以外の場で子ども研究に励むことがある。各都道府県の教育センターなどで実施されているキャリアステージに沿った各種教員研修がそれに該当する。教員研修は，あるべき教師像があって，それに到達するために行われる教師教育プログラムである。よって，そこには，教師としてのあるべき子ども研究のあり方が明示されている。そのために，各都道府県が示す教育大綱や規準が設定されているのである。例えば，徳島県総合教育センターでは，「とくしま教員育成指標」が示されている。同指標のうち，徳島県教員に望まれる授業実践力は，キャリアステージによって表8-3-1のように進化していく。子ども研究のあり方は，表中の下線部箇所のように，基礎的・一元的な規準から発展的・多元的な規準へとシフトしていっている。

　教師による子ども研究の3つ目は，上述のような教員研修の機会を生かして，教師としてのあるべき子ども研究のあり方を見つめ直し，研修後の教育

表8-3-1 「とくしま教員育成指標」の授業実践力

採用時に 本県が求める姿	第1ステージ	第2ステージ	第3ステージ
基本的な指導技術を身に付け，生徒の学習の様子を把握しながら授業を実践しようとしている	生徒の習得状況を目標に照らして評価し，指導・支援をしている	学びの質や長期的な変容にも目を向けて，一人ひとりの習得状況を把握し，補充的・発展的な指導・支援をしている	個と集団の質的な学習の深まりを把握し，意図的・計画的な指導・支援をしている

（出典：「とくしま教員育成指標」の記載内容より筆者が一部加工の上引用。）

実践活動へと還元させていくことである。そのために，教員研修に積極的に参加することはもとより，学ぶ側としても自己の規準を見据えておきたい。

参考文献

秋田喜代美（1996）「科学的認識・社会的認識の学習と教育」大村彰道編『教育心理学Ⅰ——発達と学習指導の心理学』東京大学出版会。

市川博・横浜市山元小学校（1997）『名札マグネットを使った"討論の授業"づくり——子ども一人一人に生き抜く力を』明治図書出版。

市川博（2009）「子ども中心アプローチ」日本教育方法学会編『日本の授業研究——Lesson Study in Japan——授業研究の方法と形態〈下巻〉』学文社。

徳島県立総合教育センター　https://www.tokushima-ec.ed.jp/（2020年4月22日閲覧）。

前田健一・新見直子・加藤寿朗・梅津正美（2010）「中学生の批判的思考力と社会的事象に対する関心・意欲および社会的態度」『広島大学心理学研究』10，pp.89-100。

（伊藤直之）

Q4　小中高連携のあり方について説明しなさい

1．はじめに──小中高連携の現在

　社会科において，校種間連携の重要性に関する議論は決して新しいもので
はない。小中高で重複する内容系統を精選・整理し，効率的な学習を行うべ
きという議論は繰り返し行われてきた。これまでも繰り返し行われてきたの
にも関わらず，なかなかスムーズにいかなかったのはなぜなのだろうか。

　そこには制度的な難しさと，教員間での連携の難しさの2点があげられる
だろう。制度的な面としては，内容系統の複雑さがまずあげられるだろう。
社会科・社会系教科の場合，小学校は「社会科」，中学校は「社会科地理的分
野」「歴史的分野」「公民的分野」。高校は「地理歴史科（日本史・地理・世界
史)」「公民科（政治経済・倫理・現代社会」に分化する。日本史や地理に関し
ては小・中・高で繰り返し学ぶ一方で，倫理や世界史など大半は高校段階で初
めて扱う領域もある。また，内容編成の方法は，高校段階では地理学・歴史
学といった学問の系統性が強く影響する一方，小学校段階では，子どもの日
常性や問題関心に寄り添うなど，経験主義的な傾向が強い。

　こうした制度的な側面に即して，小中高の教員の意識や教科アイデンティ
ティの違いも指摘されている。例えば，小学校の場合，社会科は専科が担当
することは少なく，「社会科教師」というアイデンティティを有することが
少ない。一方，中学校の場合，社会科は「社会科教師」が担当する。これに
対して，高校の場合は，先行研究（例：村井，2014）などから，教師によっ
て「社会科」「日本史」「地理」というように様々であることが指摘されてい
る。アイデンティティが多様であることはそれぞれの教師の実践にも反映さ
れる。従って，こうした多様なアイデンティティを持つ教師を繋げて，「小
中校連携」を行うことは困難であろうことは想像に難しくない。

　しかし，2017年・18（平成29・30）年に告示された新学習指導要領によっ
て，制度的側面の繋がりがより意識的になされるようになった。新たに「①

地理的環境と人々の生活，②歴史と人々の生活，③現代社会の仕組みと働きと人々の生活」という共通の枠組みが設定され，各校種・学年の単元の繋がりが明確になるようになった。また，本書でも示されているように，社会科，地理歴史科・公民科を貫く「社会的見方・考え方」も新たに設定され，それぞれの学習はこうした小中高で共通して育成する「見方・考え方」を軸に授業を実施することが求められるようになった。これにより，制度上は，異校種の連携が図られるようになった。

　本稿では，このように制度的な接続が図られたことを背景に，どのように教師として小中高連携を図っていけばよいか，1つの考えを提示したい。

2. なぜ社会科で小中高連携が重要なのか

　そもそも社会科で小中高連携がなぜ重要なのだろうか。それは，社会科の最終目標が，「公（市）民的資質の育成」であることに起因する。現在・将来の社会の担い手を意味する公（市）民的資質は1時間の授業で獲得できる性質のものではない。さらに，近年は急激な社会変容を背景に，より変化に能動的な市民が求められ，主体的に社会形成・参画に関わる態度や，多面的・多角的に思考する力や表現力など，総合的な力も求められている。こうした総合的な力は，なかなか学校外で自然に身に付くことは難しい。これまで社会科が重視してきた知識以上に系統的に育成する必要がある。

　ここに，社会科が小中高連携して取り組むべきとされる根拠がある。つまり，一朝一夕につかない能力を，学校内外で連携しながら中長期的な見通しで育成するためということになる。

3. どのように小中高連携を行うか

　小中高連携の進め方には，①教師1人が，他の学校段階を意識しながら社会科授業を構想・実践というミクロな連携と，②小中高の教師が集い連携しながら社会科授業を構想・実践するというマクロな連携の2つがあり得る。通常，校種間連携を行う場合は②で行う場合が多いが，本書の特性から，ここでは①を想定した上で述べていきたい。

（1）小中高を貫き，社会科で育成したい力を設定する

　先に述べたように，社会科は現在・将来の社会の担い手を育成するものであり，その考えは多様である。加えて，「そうした力を育成する上で，学校教育はどのような役割を果たすのか。さらに，社会系教科とはどういう役割を果たすべきか」といった学校観・教科観まで想定すると，そのバリエーションはより増加する。

　こうした学校観・教科観は，学校段階や地域によって異なることが多い。例えば，初等段階の社会科では思いや工夫・ねがいに注目した授業が展開される。こうした実践の裏には，「良い社会科授業は子どもの内部に迫るものであるべき」といった教科観があり，教師は例え意識しなくても，実践をしながら，教科観を内面することもある。一方，より制度やシステムに注目した客観的アプローチを重視した実践を行いがちな中等段階では「良い社会科授業は現在のシステムに根ざし，伝えられるものであるべき」といった異なる教科観をもつことが多い（川口，2020）。自己の学校段階に固執することなく，小中高の目標記述についての共通点と相違点などに注目し，「何を学ぶことが社会科の学びなのか」を考えよう。自分の教科観とは異なるものに出合ったときは改めて自分の考えを見直すよいきっかけとなる。

（2）小中高でどのように深めるかという方向性を検討する

　小学校から高校と進むに従ってどのように発展するかという方向性いわゆるシークエンスを考えてみよう。というのも，これまで小中高の違いとして，しばしば知識の量のみが指摘されていたためである。単に細かい知識を教えるということだけでは，（1）で決めた力の育成に直接結びつかない。

　例えば，有権者としての資質を育成するためのプログラムを開発した桑原ほか（2015）では，小・中・高で，「単純な政治的概念の習得」→「より複雑な概念の習得」→「いくつかの概念を結びつけたより複雑な概念の習得」へと進むという成長段階が設定されていた。このように単純から複雑へ，問題発見から解決へ。様々な方向性があり得ると想定される。

（3）内容構成や方法（学び方）の方向性を構想する

　目標が決まり，方向性が決まると，次に考えることは何をどのように教え

るかである。例えば，先の桑原（2015）の場合は，小・中・高で用いられる共通した「選挙」「議会」「税金」といった概念を抽出し，それぞれの小・中・高で先の成長段階に即した単元を開発していた。また，西村（2014）の場合は，同じ「分析する」の場合であっても，「比較する」（小）⇒「比較する・関連させる」（小）⇒「因果関係や長所短所を分析する」（中）⇒「立場を置き換えて分析する。合意や調整に向けた順序付けを行う」（高）というように方法についての発展を促していた。

　こうした内容や方法の方向性が決まれば，次に自分の中心の学校段階を考え，その前後の学校段階との関係を考えることができる。例えば，中学校2年生を中心におけば，中学1年・小学校段階や中学3年・高校‥ではどのような学びをするかを考えることができる。こうした視点から，授業を構成するように心がけることで，一朝一夕には身につかない，変化する社会を創造し変革する市民を育成できる社会科のあり方が構想できるだろう。

参考文献

川口広美（2020）「見方・考え方を深める 小中高連携の意義と方法 日常生活から社会科の本質を振り返ろう」『社会科教育』57（3），16-21。

桑原敏典・工藤文三・棚橋健治（ほか7名）（2015）「小中高一貫有権者教育プログラム開発の方法（1)」『岡山大学教師教育開発センター紀要』92-100。

西村公孝（2014）『社会形成力育成カリキュラムの研究』東信堂。

村井大介（2014）「地理歴史科教師の歴史教育観の特徴とその形成要因」『社会科研究』81，27-38。

（川口広美）

新・教職課程演習　第17巻
中等社会系教育

編著者・執筆者一覧

[編著者]

國分麻里　筑波大学人間系准教授，博士（教育学）。
著書：（共編著）『交流史から学ぶ東アジア——食・人・歴史でつくる教材と授業実践』（明石書店，2018 年），（共編著）『女性の視点でつくる社会科授業』（学文社，2018 年）。

川口広美　広島大学大学院准教授，博士（教育学）。
著書：『イギリス中等学校のシティズンシップ教育——実践カリキュラム研究の立場から』（風間書房，2017 年），（共編著）『社会形成科社会科論——批判主義社会科の継承と革新』（風間書房，2019 年）。

[執筆者]（50 音順）

五十嵐学　　（筑波大学附属高等学校教諭）
伊藤直之　　（鳴門教育大学准教授）
井上奈穂　　（鳴門教育大学准教授）
宇都宮明子　（島根大学准教授）
梅津正美　　（鳴門教育大学教授）
大坂　遊　　（徳山大学准教授）
鷲原　進　　（愛媛大学教授）
角田将士　　（立命館大学教授）
加納隆徳　　（秋田大学講師）
釜本健司　　（新潟大学准教授）
金　玹辰　　（北海道教育大学旭川校准教授）
草原和博　　（広島大学教授）
國原幸一朗　（名古屋学院大学准教授）
桑原敏典　　（岡山大学教授）
後藤賢次郎　（山梨大学准教授）
今野良祐　　（筑波大学附属坂戸高等学校教諭）
阪上弘彬　　（千葉大学准教授）
須賀忠芳　　（東洋大学教授）
空　健太　　（国立教育政策研究所教育課程調査官）
田口紘子　　（日本体育大学教授）
竹中伸夫　　（熊本大学准教授）

田中　伸　　（岐阜大学准教授）

谷口和也　　（東北大学准教授）

胤森裕暢　　（広島経済大学教授）

土肥大次郎　（長崎大学准教授）

永田成文　　（広島修道大学教授）

中本和彦　　（龍谷大学准教授）

福井　駿　　（鹿児島大学講師）

福田喜彦　　（兵庫教育大学准教授）

藤井大亮　　（東海大学准教授）

藤瀬泰司　　（熊本大学准教授）

藤本将人　　（宮崎大学准教授）

升野伸子　　（筑波大学附属中学校副校長）

村井大介　　（静岡大学講師）

山田秀和　　（岡山大学准教授）

吉村功太郎　（宮崎大学教授）

渡部竜也　　（東京学芸大学准教授）

新・教職課程演習　第17巻

中等社会系教育

令和3年12月25日　第1刷発行

　編著者　國分麻里 ©
　　　　　川口広美 ©
　発行者　小貫輝雄
　発行所　協同出版株式会社
　　　　　〒101-0054　東京都千代田区神田錦町 2-5
　　　　　　　　電話　03-3295-1341（営業）　03-3295-6291（編集）
　　　　　　　　振替　00190-4-94061
　印刷所　協同出版・POD工場

ISBN978-4-319-00358-7

新・教職課程演習

広島大学監事 野上智行 編集顧問
筑波大学人間系教授 清水美憲／広島大学大学院教授 小山正孝 監修
筑波大学人間系教授 浜田博文・井田仁康／広島大学名誉教授 深澤広明・広島大学大学院教授 棚橋健治 副監修

全22巻　A5判

協同出版